Ernst Wilhelm Gustav Hückstädt

Ueber das pseudotertullianische Gedicht Adversus Marcionem

Ernst Wilhelm Gustav Hückstädt

Ueber das pseudotertullianische Gedicht Adversus Marcionem

ISBN/EAN: 9783743691285

Hergestellt in Europa, USA, Kanada, Australien, Japan

Cover: Foto ©Thomas Meinert / pixelio.de

Weitere Bücher finden Sie auf **www.hansebooks.com**

Ueber

das pseudotertullianische Gedicht

ADVERSUS MARCIONEM.

Ein Beitrag zur christlich-lateinischen Literaturgeschichte
des 4. Jahrhunderts

von

Dr. Ernst Hückstädt

Leipzig,
J. C. Hinrichs'sche Buchhandlung.
1875

Das Gedicht „adversus Marcionem" wurde zuerst von Georg Fabricius unter dem Titel: „Q. Septimii Florentis Tertulliani Presbyteri Carthaginiensis adversus Marcionem carmina quinque" in seiner Sammlung der lateinisch-christlichen Dichter im Jahre 1562 herausgegeben.[1] Der codex m. s., dem er diese carmina entnahm, war ihm durch Vermittlung des gelehrten Buchdruckers Joh. Oporinus von Joh. Herolbus zugestellt worden.[2] Er scheint indessen bald verloren, und ein anderer nicht vorhanden gewesen zu sein; wenigstens klagt schon Jacob Pamelius, der nach Fabricius die carmina edirte, darüber, daß ihm keine Handschrift zu Gebote gestanden habe; er ist daher wie alle späteren Herausgeber von der editio princeps allein abhängig. Nach Pamelius wurden die carmina auch von Rigaltius, Franciscus Junius, Rivinus ꝛc. und neuerdings von Oehler (Tert. opera. T. II. 1851) edirt. Alle diese Ausgaben mit Ausnahme der des Pamelius und Rivinus[3] enthalten nur den Text. Aber auch die Erklärungen dieser beiden Männer

---

1) Der vollständige Titel dieses Werkes lautet: Poëtarum veterum ecclesiasticorum opera Christiana et operum reliquiae atque fragmenta. Thesaurus catholicae et orthodoxae ecclesiae et antiquitatis religiosae ad utilitatem iuventutis scholasticae collectus, emendatus, digestus et commentario quoque expositus diligentia et studio Georgii Fabricii Chemnicensis. 1562.

2) Libros istos rogatu Joh. Oporini viri de omnibus literis atque studiis praeclare meriti mihi Joh. Heroldus, vir doctrina et ingenio ornatissimus communicavit (Comment. p. 133).

3) Ueber die früheren Ausgaben urtheilt Rivinus: Pamelius quamvis et ipse quaedam ex ingenio corrigere conatus sit, destitutum se tamen m. s. aliquo exemplari ingenue fatetur. Nec plus praestitit Franciscus Junius Biturix, qui vix tres pagellas notarum in omnia Tertulliani opera poëtica a pagina 278—281 conscripsit, immo a Pamelio fere aut Fabricio transscripsit. Quas ipsas tamen si quae usui adhuc esse possit utrinque et nos delibabimus. Nam quod a Delrio ad hosce libellos speremus nihil est.

verbreiten, hauptſächlich weil ſie von unrichtigen Prämiſſen ausgehen, kein helles Licht über das Gedicht. Während über die ebenfalls dem Tertullian zugeſchriebenen Gedichte De iudicio Domini, Genesis, Sodoma, De Jona et Ninive; über die Gedichte eines Cyprian, eines Commobian, Lactantius, Juvencus, Prudentius ꝛc. die ſorgfältigſten Unterſuchungen angeſtellt ſind: fehlt es bei unſerem Gedichte an jeder eingehenden Erklärung, an jeder Vorarbeit für ein richtiges Verſtändniß des Textes, an jeder gründlichen Unterſuchung über die Abfaſſungszeit und den Verfaſſer; es iſt immer ſtiefmütterlich behandelt und, obwohl es manches Wichtige und Intereſſante bietet, noch von Oehler mit der Bemerkung: „Ampliori enim labori in emendando eo ponendo par fructus desperandus erat" bei Seite geſchoben worden. Daher iſt es denn auch nicht wunderbar, daß noch heute ein tiefes Dunkel das Gedicht umgiebt; fehlt doch jeder ernſthafte Verſuch, auch nur die Zeitlage einigermaßen ſicher zu beſtimmen. Wir beabſichtigen auf den folgenden Blättern das vergeſſene carmen einer Unterſuchung zu unterziehen, müſſen aber um Nachſicht bitten, wenn beim erſten Verſuch nicht Alles genügend erſchöpft wird. Da alle Angaben des Gedichtes erſt dann von wirklicher Bedeutung werden, wenn die Zeit und der Verfaſſer genau beſtimmt ſind, ſo haben wir den betreffenden Unterſuchungen die größere Sorgfalt zugewendet; während wir die Fragen: Wie verhält ſich das Gedicht zu den übrigen Ketzerbeſtreitungen der erſten Jahrhunderte, zu den Schriften des Juſtinus, Tertullianus, Irenäus; welche Quellen benutzte es; was für Eigenthümlichkeiten bietet es u. dgl. mehr nur andeutungsweiſe behandeln konnten.

I.

1. Der Text der editio princeps ist sehr corrupt und mangelhaft,[1] äußert sich Fabricius doch selbst: quot paene verba, tot fuisse menda; quot versus, tot maculas; quamvis autem plurimos errores sustulimus e vestigiis antiquae scriptionis: tamen lector in reliquiis videbit, quantum adhuc supersit, quod emendatione egeat. Da diesem Bedürfnisse durch die folgenden Ausgaben wenig Rechnung getragen ist, so bietet auch der textus receptus in der Ausgabe Oehlers noch Schwierigkeiten genug; erschwert an vielen Stellen das Verständniß und verhindert es zuweilen vollkommen.[2] Die Conjecturen, welche von den verschiedenen Herausgebern versucht wurden, sind nicht immer glücklich und oft unnöthig; bei dem Mangel einer controlirenden Handschrift ist unsers Erachtens vorsichtiges Maßhalten geboten, daher sind auch nur solche Aenderungen vorgeschlagen, welche sich von selbst zu empfehlen schienen. Es mag gestattet sein, eine kurze Textkritik folgen zu lassen. I v. 6. Der Gegensatz scheint sed statt sic zu fordern. v. 12. Für posse videri muß wegen des folgenden que ‚videre‘ gelesen werden. v. 31. scelerisque viam wird am besten mit Oehler nach Barthius in sceleris veniam geändert. Dagegen ist die Aenderung von loquentum v. 34 in loquuntur unnöthig, da so häufig im carmen die Kopula zu ergänzen ist; aus dem gleichen Grunde ist es nicht erforderlich audes statt audens zu lesen. Die Darstellung gewinnt nur durch eine solche knappe Ausdrucksweise, und zugleich wird durch die Participien angedeutet, was wohl Absicht des Dichters sein konnte,

---

1) Der handschriftliche Bestand wird leider in derselben nicht mitgetheilt.
2) Vgl. z. B. III, 87. 112 etc. IV, 149. 150. 158. 122. 221 etc. V. im Anfang. V, 140 seq. Aus diesem Grunde ist von einer anfangs beabsichtigten Uebersetzung abgesehen worden und statt derselben eine ausführlichere Inhaltsangabe geliefert.

daß die angeführten Handlungen den betreffenden Subjekten wesentlich sind. v. 48 se cernere statt secernere. v. 81. Fabr. nomen Rig. numen.[1] v. 100. F. versis. Rig. versant. Am besten mit Oehl. versans. v. 105. errantes statt des sinnlosen errantem bei F. Rig. Oeh. v. 119. F. ahtacidi. Oeh. ah taciti. Rig. ah tabidi. Letztere Conjectur halte ich für die beste; tabidus auszehrend, z. B. tabidum venenum bei Tacitus, ist ein treffendes Beiwort zu „Schlangenrachen". v. 151. Incredibile quid differt[2] credere vestrum F. Incredibilem quid differt caedere vestrum. Oeh. Dem incredibilem ist beizustimmen; caedere, wenn es nicht ein bloßer Druckfehler ist, bietet keine Verbesserung. Der Dichter hat hier eine Doppelfrage stellen wollen der Art: Mißfällt euch dies oder jenes? Er ist aber durch die eingeschobene Charakteristik der Marcioniten aus dem Zusammenhange gefallen, hat vergessen, was er eigentlich fragen wollte, und bringt nun für das fehlende 2. Glied die neue Frage: aut incredibilem etc. indem er gegenüberstellt: Welche Thaten unseres Gottes mißfallen euch, oder was habt ihr für einen Grund, an eueren Unglaublichen zu glauben? Dann fährt er mit einer Ellipse ironisch fort (wenn ihr euch auf den verlasset, so ist es nicht wunderbar ff.). Ist aber dies der Zusammenhang, so liegt auch kein Grund vor, nimirum v. 152 in nec mirum zu ändern. v. 158 mit Rg. persuasit. v. 164. F. mundo. Rg. mundat. Richtig: mundos. v. 165. F. Marcio. Oeh. Marcus. Subject ist in der ganzen Stelle der Satan, deßhalb muß man auch hier einen von tradidit abhängigen Dativ erwarten und statt Marcio „Marco"[3] lesen. v. 175. F. sine teste. Oeh. infeste. Zu dieser Aenderung liegt kein Grund vor, der Sinn der Stelle ist vielmehr: Eine so große Schandthat wird jetzt von den Marcioniten auf Anlaß des Teufels verkündigt, ohne daß sie ein Zeugniß der Wahrheit für sich haben. Für locuti und laborant ist mit Oeh. locutus und laborat zu lesen. v. 177. F. Sed revocare. Rg. Oeh. revocate. v. 178. F. dum detur. Rg.

---

1) Die Verwechselung des o mit u kehrt häufig wieder, sowie die des e mit i. Es liegt nahe, diesen Umstand nicht auf Rechnung einer Leichtfertigkeit der Abschreiber zu setzen. Ebenso verhält es sich ja mit dem muratorischen Fragment. Vgl. Credner: Gesch. des Kanon 1860. §. 75. S. 150.
2) Beachte den seltenen Sprachgebrauch von differt für refert, gebildet nach τί διαφέρει. Vgl. Murat. Frag. Z. 18 „nihil tamen differt credentium fidei."
3) Die Verwechselung „Marcio" und „Marco" kommt auch sonst vor. Vgl. Harnack: Quellenkritik der Geschichte des Gnosticismus 1873. S. 31.ff. 65. Auf den Marcus allein paßt die folgende Aussage.

Oeh. datur. F. perennis. Rg. Oeh. perenni. v. 187. F. merentem. Rg. Oeh. merentes. v. 188. F. delecto. Rg. Oeh. deleto. Die Lesart der editio princeps giebt auch einen passenden Sinn; aber im Hinblick auf Kol. 2, 14 verdient vielleicht die Conjectur den Vorzug. v. 191. F. verus. Oeh's. versus ist unbegründet. F. vita. Rg. Oeh. victa. v. 205. F. suscitet, aut quem animam. Oeh. suscitet ut qui; dann muß auch in v. 206 et in ut geändert werden.¹ v. 214. F. haec vita. Oeh's. haec victa ist keine Verbesserung. v. 230. Für die Aenderung dux fortis (Fabr.) in dux ipse (Rig. Oeh.) liegt ebensowenig ein Grund vor wie für die Conjectur visus für vivus v. 237. II. v 4. F pallens. Oeh. callens. Vgl. assiduo tramite bei Virgil. v. 28. F. reprobat. Oeh. reprobant wegen des folgenden capessunt. v. 32. Oeh. gravatis statt gravati; dies ist unzulässig wegen des vorhergehenden qui, man hat die Copula zu ergänzen. v. 35. F. spiritu lata, putant hebetes. Oeh.'s lata. Petant etc. ist ganz unnöthig. Die Gegner, sagt der Verfasser, können das vom Geiste (Gottes) Getragene nicht erkennen, sie betrachten es wie Blödsinnige. v. 39. F. bissenos gratia fructus. Oeh. (bis seni gratia fructus); so dürfen diese Worte von lignum nicht getrennt werden; der Verfasser hat Apoc. 22, 2 im Auge, also einen Baum, der 12 mal Frucht trägt, bezeichnet er, am liebsten würde man einen Abl. oder Gen. qualitatis erwarten; es empfiehlt sich bei bis senos gratia fructus zu bleiben. v. 41. F. color. v. 44. F. sordide. Rg. sordes. Oeh. sordida. v. 46. F. electoque. Oeh. electaque [fide]. v. 65. F. Hunc Paulus phase conscribens. Oeh. face. Beide Lesarten geben keinen Sinn, wir möchten pascham scribens vorschlagen. v. 75. Fab. cuius de morte piati. Oeh. beginnt mit cuius einen neuen Satz und liest piacli statt piati. Aber abgesehen davon, daß diese Conjectur unverständlich bleibt, wird zu ostenditur hostia agnus dem geschichtlichen Hergange gemäß der Zusatz gefordert, daß dies Opferthier nun auch wirklich geschlachtet sei. Dadurch daß dem Abraham der Widder gezeigt wurde, kam der Typus auf den Tod Christi noch nicht zu Stande, sondern erst durch den Tod desselben und die damit verbundene Sühnung. Man wird daher cuius am besten mit dem vorhergehenden Satze verbinden und piatus lesen statt piati. v. 90. F. dolet. Rg. Oeh. delet. v. 93. F. aut. Rig. Oeh. ut. v. 94. F. ve-

---

1) Beschuldiget nicht Gott durch eure Lehre wie einen, der die Seele, als ob sie einen Schaden erlitten hätte, erwecke und vom Tode befreie, damit ihr die erworbene Fülle bleibe ꝛc.

luti si. Oeh. veluti sit. Obwohl veluti ohne si in der Bedeutung „gleichsam als wenn" vorkommt, vgl. Tibul. I, 6, 25 velut gemmas eius signumque probarem. Ovid. Met. 4, 596: so ist die Conjectur doch nicht zu empfehlen, weil man nicht sit, sondern das irreale esset erwarten sollte. v. 100. F. in aras. Oeh. in auras; näher liegt „in aris". v. 101. F. unus. Oeh. unius. v. 102. „Nequaquam Domini sapiens maculata figura" giebt in dieser Weise keinen Sinn, folgende Aenderung würde sehr gut in den Zusammenhang passen: Nequaquam sapienti homini etc. v. 111. F. angustus; Rg. und Oeh. haben ohne Grund augustus aufgenommen. v. 121. F. Non species. Rg. Oeh. nec species; nicht erforderlich. v. 148. caro non ex semine nato. Besser bezieht man wohl das „geboren" auf caro und liest dann nata. v. 149. F. sine debita mortis. Rig. Oeh. richtiger sine debito mortis. v. 156. F. solitus socia deperdere vita. Oeh. socias vitas; treffender ist vita doch auf das Subject des Satzes zu beziehen und dann ist vitam sociam zu lesen: „allmählich dran gewöhnt, das liebe Leben zu verlieren." v. 160. F. carissimus. Oeh. clarissimus (?). v. 165. F. relinquit. Rg. Oeh. reliquit. v. 171. F. fictum. Oeh. victum (!?). v. 195. de ossibus ossa ist wegen „de ossibus ossa" in v. 182 vorzuziehen. v. 203. F. levare. Rg. Oeh. levari. v. 215. F. quod. Rg. Oeh. quid? v. 229. F. Saxa fiunt besser als saxa fient (Oeh.). v. 234. F. deiiciunt. Oeh. deficiunt ist unmöglich. v. 245. F. verba magistri. Oeh. verna (? Druckfehler). v. 251. F. et debita mortis. Oeh. (ea debita mortis). Besser erscheint uns et debito mortis. Das debitum mortis ist nicht gleich den sordibus antiquis, kann also nicht Apposition zu ihnen sein, sondern ist vielmehr die Folge derselben. v. 253. F. humano. Rig. Oeh. richtig humanum. v. 260. sed prius illud inermem (F. Oeh.), lies: illud inerme. v. 268. F. victoria Christus. Oeh. victoria Christi.

III. v. 6. F. et Abraham. Das et stört den Vers und ist wohl nur durch ein Versehen geschrieben. v. 28. F. et cum prole sua servatur. Oeh. servatus wohl wegen des vorhergehenden ereptus. v. 56. confudit, reduxit, weil in dem ganzen Abschnitt nur Perfecta vorkommen. v. 83. Lies excita mente. v. 93. F. Armatis facibusque et cornubus ore canentum. Da dieser Vers Apposition zu tercenteno equite ist, sollte man canentibus erwarten; wenn auch der Plural nichts Anstößiges hat, weil tercenteno equite collectivisch gebraucht sein kann, so paßt diese Conjectur doch nicht in den Vers, und es ist vielleicht armato — canente zu lesen. v. 101. Die beiden Sätze v. 101 u. 102 sind durch que coordinirt; dies ist aber nach der angenommenen Lesart nicht möglich, auch kann que wegen des Verses nicht fehlen; darum erscheint der Concinnität halber die Aenderung in v. 101: Quam indocilis populus merito sua culpa relictus erlaubt. v. 109. F. exemplo refugae devicit etc. Oeh. extemplo refugam devicit. Rivin. Ex templo etc. Beide Conjecturen befriedigen nicht; es ist entweder der Text hier gänzlich corrumpirt, oder es sind Verse ausgefallen, die gleichklingenden Versschlüsse in v. 108 u. 109 ligno signo sind schon verdächtig. v. 125. F. victos. Oeh. Rg. vielleicht richtiger victus. v. 131. cuius se voce canebat. Pam. Rg Oeh. submissa voce. v. 148. F. tactus. Wie aus dem Zusammenhange hervorgeht, liegt in dem Worte „tactus" der Grund zu dem Ausruf memorabile! so wie zu dem Relativsatz qui nondum debita mortis gustavit. Eine hierzu passende Bedeutung eignet tactus nicht, daher ist vielleicht tractus = er ist entrückt sc. in den Himmel annehmbar. v. 151. Statt infracta fides empfiehlt sich, wenn man nicht einen Subjectswechsel annehmen will, auf den man erst nach 9 Versen aufmerksam wird, infracta fide. v. 161. F. fortis successor. Oeh. sortis (?). v. 163. F. ad castigandum. Oeh. at ‹(!). v. 173. F. cui fontes aperti. Et statt cui ist weder erforderlich noch berechtigt. Man beachte mit welcher peinlichen Regelmäßigkeit der Verfasser bei der Charakterisirung aller dieser alttest. Typen zuerst den Hauptsatz bringt resp. beginnt, und dann einen Relativsatz folgen läßt. v. 174. F. tam manifesta fides. Soll Esaias nicht ohne Prädikat und beziehungslos bleiben, so muß man manifesta fide setzen. v. 184. F. currere statt carcere. v. 196. F. simul. Rg. Oeh. Joël, mit Recht, da dieser Prophet allein in der Aufzählung fehlt und gerade an dieser Stelle hätte stehen müssen. v. 232. F. hinc, richtig: hunc (Rg. Oeh.) v. 248. F. portavit. Oeh. portarit wegen ediderit. v. 286. F. cum vestri sceleris socio. Rig. Oeh. cum (quum) — socius. Erstere Lesart bietet 2 Schwierigkeiten; einmal müßte man socius legis, certusque magister auf Cerdo beziehen; Cerdo verwarf aber entschieden das Gesetz, man müßte also diese Worte ironisch fassen, dann hätte sich aber der Dichter kaum unverständlicher ausdrücken können. Weiter fände sich hier eine historische Unrichtigkeit, die der Verfasser wenige Verse später (297) selbst widerlegt, wenn er den Marcion nicht, wie man nach der ersten Stelle annehmen müßte, unter Hyginus, sondern unter Anicet nach Rom kommen läßt. Unter diesen Umständen empfiehlt sich die andere Lesart; mit socius legis ist dann der Nachfolger des Thelesphorus bezeichnet. Ob eine solche Benennung für den Hyginus paßt, muß dahingestellt bleiben, da nähere Angaben über Hyginus fehlen. Dem Verfasser paßte sie für seinen Zweck trefflich: er stellt dem eifrigen Anhänger des Gesetzes, der durch die Tradition die wahre Lehre besitzt, den Gesetzesverächter gegenüber. v. 288. F. deiectus. Rg. Oeh. detectus. Wegen des folgenden furtim würde schon detectus „überführt, offenbart" erwartet werden, ferner wäre deiectus nur eine Tautologie mit pulsus. Blickt man nun auf die Stelle bei Iren., die Quelle unseres Verfassers, so schwindet aller Zweifel.[1] v. 296. F. Aque Pio. Die Conjectur atque pio ordine ist gesucht.

IV. v. 9. F. Detraheret vacuas. Oeh. Detrahere, vacuas. Näher liegt: Detrahere et .. v. 10. F. acmulamenta. Ein solches Wort findet sich sonst nirgends, der Verdacht drängt sich auf, daß durch das darunterstehende monumenta diese Bildung entstanden ist; aemula mente ist wohl das Ursprüngliche gewesen. v. 18. F. creditus. Rg. Oeh. conditus. Wenn man conditus lesen dürfte, erhielte man ein treffendes epitethon ornans; da dies aber nicht gestattet ist und potus sapientia omni conditus nicht gerade einen leicht verständlichen noch trefflichen Sinn giebt: so möchte man wohl besser bei der Lesart der editio princeps bleiben, aber gegen die dort angewandte Interpunktion sapientia creditus omni mit potus verbinden und creditus entweder in der Bedeutung „geben", oder was wahrscheinlicher ist, in der späteren „sich erweisen" fassen. v. 21. F. sponte perenni. Rig. Oeh. perennis. v. 22. F. nullo facto recreata. Rg. Oeh. nullo factore creata. v. 23. F. locatur. Pam. Oeh. locator. v. 54. ignarus neque criminis auctus. Mit dem Genitiv kommt auctus nicht vor; man erwartet crimine. Crimine auctus wäre aber ein arger Hiatus, daher ist vielleicht auctor zu empfehlen. v. 59. F. minatur. Oeh. nach Pam. Rg. minatus (?). v. 73. Temonis aratro giebt keinen Sinn; es empfiehlt sich die Conjectur temonis (Acc. plur.) aratri, Apposition zu iuga dura; daß die Pluralendung is kurz gebraucht ist, hindert nicht, da dieser Fehler sich wiederholt. v. 100. F. species decet esse. Rig. dicat.

---

1) Iren. III. 4. 3. ἐλεγχόμενος ἐφ' οἷς ἐδίδασκε κακῶς καὶ ἀφιστάμενος τῆς τῶν ἀδελφῶν συνοδίας = ab agmine pulsus.

Oeh. docere esse. Letztere Aenderung ist am unhaltbarsten; am nächsten liegt: docet esse. v. 113. F. arcae statt arca. v. 131. F. perlucens Rivin. Oeh. perlucent. v. 162. Aëria pelles statt aëriae pelles. Vgl. IV, 114. v. 196. F. contectus. Oeh. nach Pam. Rig. contextus (?). v. 203. F. ältis statt albis. Vgl. Apoc. 4, 4. v. 204. F. mira. Die Aenderung mitra stammt aus Apoc. 4, 4; abgesehen davon, daß man mitris erwarten sollte, spricht auch der Umstand, daß coronatis für sich ausreicht, cohibentibus omnia dagegen zu allgemein ist, für die Beibehaltung von mira. Diese gekrönten πρεσβύτεροι saßen im Kreise κύκλοθεν um den Thron herum und schlossen alles Wunderbare, was dort stattfand (Vgl. Apoc. 4, 5—9), ein. v. 221. F. Dominique statt des richtigen Dominumque. V. v. 6. F. divis. Pam. und nach ihm alle Herausgeber: Deus.[1] Da aber auch an anderen Stellen des Gedichtes Gott dives genannt wird, vgl. I, 199 et bonus et dives, weiter unten locuples, da sich ferner dives leichter erklärt als deus, da endlich unus dives im Gegensatze zu dem transcendenten Gotte Marcions steht, welcher den Menschen sich niemals offenbarte, noch sie mit Gütern segnete, so meinen wir doch dives festhalten zu können. v. 11. F. lustri tempora Servati. Oeh. servata. Besser mit Rig. servati. v. 13. F. piacula regis. Reg. Oeh. legis. Unbedingt nöthig ist diese Aenderung nicht, da auch die LA der editio princeps einen erträglichen Sinn zuläßt. v. 27. F. dum laude sequentem. Oeh. dum laude sequentes. Auch diese Aenderung erleichtert die Construction noch nicht: es wird der Nachsatz zu dem mit „dum" beginnenden Vordersatze vermißt; daher erscheint uns „cum laude" erträglicher. v. 25. F. quamquam. Rg. quemquam. v. 31. Für das sinnlose Quis? non ergo Deus? bieten Rg. Oeh. Quisnam ergo Deus? v. 41. F. pius vigilans. Rig. prius vigilans. Möglich ist auch die erste Lesart (warum kam der fromme Wächter so spät). v. 43. F. Transmissis numero, dafür transmissis numeris. v. 46. Fabr. ut ipse. Rg. Oeh. et ipse (?). Nach dem Zusammenhange wird ut ipse gefordert. v. 54. F. pestemque. Rig. postemque ebenso Oeh.! v. 62. F. interior homo sanguine iunctis haerere infusus carni. Neben carni ist iunctis auffällig, und da haerere sehr wohl absolut stehen

---

[1] Prout castigavimus „deus" pro „divis" tum quod non semel his libris producat priorem syllabam dictionis „Deus", tum quod non soleant Veteres aliquos divos vocare, denique quod ad institutum faciat Deus unus contra plures Marcionis Deos. (Pam.)

kann, so möchte iunctus zu lesen und dem infusus zu coordiniren sein. v. 71. F. nascentum. Oeh. nascentem (?). v. 93. F. homo est sociatus. v. 113. Die Lesart der editio princeps: Si non ipse Deus leges bebarf keiner Emendation, sobald man v. 115 als Fortsetzung des Hauptsatzes ansieht; bei der Conjectur würde auch das zweimalige ipse beim Subjecte stören. v. 122. Fab. sorde reperti. Reperti setzt ein anderes logisches Subject voraus als transgressi, dies wird vermieden, wenn man referti liest. v. 134. F. Oeh. ferentes. Pam. Rg. besser furentes. v. 147. F. hunc. Rig. hinc. His [instrumentis] erheischt der Zusammenhang. v. 152. F. detrectantes besser als detractantes. v. 155. F. Domino statt Domini. v. 156. F. quidam Oeh. quidem (?). v. 160. F. Illi hominem, vos falso Deum sine corpore corpus. Die Umstellung bei Rig. Oeh. ist keine Verbesserung. v. 164. F. mundo statt mundus. v. 186. F. vobis. Oeh. vos!? v. 234. F. victo periturus. Victos bei Oeh. ist ebenso unverständlich; wir lesen victu, welches wie victus mit ex quo sc. ligno zu verbinden ist. So tritt der Parallelismus zw. ligni medela und dem Baum, durch den mittelbarer Weise der Tod in die Welt kam, hervor. v. 235. Hic interpositus. Dieser metrische Fehler ist erträglicher als die Conjectur hinc interpositus. —

2. Blicken wir auf die Menge von dem Verfasser nicht verschuldeter Mängel zurück mit dem Bewußtsein, daß auch jetzt noch manche Schwierigkeit ungelöst geblieben ist, so können wir mit gutem Gewissen das Urtheil des Fabricius „tot versus tot maculae" unterschreiben. Zu diesen Mängeln gesellen sich nun andere, welche vom Verfasser selbst herrühren; aber obwohl es nicht so viele sind, daß wir mit Oehler in dieser Beziehung sagen möchten „carmen omnibus membris laborat": so sind sie doch der Art, daß man nicht versucht sein darf, wie es von älteren Kritikern geschehen ist, sie zu entschuldigen sei es durch die Behauptung, der Verfasser habe keine Gelegenheit gehabt, vor der Veröffentlichung des Werkes die letzte Hand anzulegen,[1] oder sei es durch die Annahme, Tertullian habe die Gedichte in seiner Jugend zur Uebung angefertigt;[2] sondern wir

---

1) Vgl. Fabr.: Commt. p. 133. Nam impetum suum secutus, donec tempus emendationis daretur, multa contra praecepta fecit: quorum aliqua excusationem temporis habent; aliqua possunt excusari grammaticorum figuris; aliqua festinationi auctoris tribuenda sunt, qui cogitaverit opus suum quasi delineatum, sub incudem, ut dicitur, revocare.

2) Vgl. Pamelius: Dissertatio de vita Tertull. zum Jahre 198 n. Chr. Oehler: T. III. p. 14.

werden vielmehr sagen müssen, daß wir eine Schrift vor uns haben, die ganz den Charakter der so genannten „eisernen Latinität" an sich trägt, also einer Zeit angehört, in welcher das Bewußtsein für eine correcte, den Regeln der Grammatik und Prosodie entsprechende Schreibweise meist abhanden gekommen war. Unter diesem Gesichtspunkte sind alle die Verstöße gegen die Rection der Verba, gegen die consecutio temporum, gegen Metrum und Prosodie zu betrachten.[1]

Die Sprache bewegt sich in dem bekanntesten und gebräuchlichsten Wortschatze, trägt sehr wenig ein specifisch-christlich-dogmatisches Gepräge, aber ebenso wenig erinnert sie an die classischen Vorbilder der lateinischen Literatur und ist völlig arm an neuschöpferischer Kraft.[2]

Nicht viel besser steht es mit dem inneren poetischen Werthe; doch da der Gegenstand sich für eine poetische, besonders aber für eine epische Darstellung kaum eignete, sind die Schwierigkeiten anzuerkennen, die sich dem Verfasser darboten, zumal er sich bemüht hat, diejenigen Punkte, auf welche es ihm besonders ankam, in ihrer Wahrheit ohne Uebertreibung oder Ausschmückung darzustellen. Dagegen hätte er an den Stellen, an welchen eine solche Genauigkeit nicht erforderlich war (z. B. das ganze dritte Buch hätte sich seinem Inhalte nach trefflich für eine epische Behandlung geeignet), dieser Anforderung mehr genügen können; statt Poesie findet sich hier eine langweilige, ermüdende Beschreibung des Lebens und der Thaten der hervorragenden alttestamentlichen Persönlichkeiten. Diese sich fortwährend wiederholende Behandlung derselben Sache mit derselben Absicht, die sich auch äußerlich in einer gleichförmigen Satzbildung ausprägt, läßt das Gedicht als das Werk eines Rhetors erscheinen, der sich darin gefiel ein und dieselbe Sache recht oft mit schwülstigem Bombast zu tractiren.

---

1) Vgl. Teuffel: Gesch. der römischen Literatur. 3. Aufl. Lpz. 1875. §. 403. S. 941 ff. Die hier erwähnten Fehler finden sich auch in unserem Gedichte; doch sind sie nicht so häufig, daß man meinen sollte, der Verfasser habe nach dem Wortaccente die Verse gebildet.

2) Die wenigen ungebräuchlichen Worte sind: illicitare; testamen für testimonium vgl. Ducange, Lex. sub h. v.; zelare pietatis amore; spiramen für spiritus; creatura (V, 246) in eigenthümlicher Bedeutung; ruina nach tertullianischem Sprachgebrauch in übertragenem Sinne, Psalmographus, vgl. Sidonius libr. 7. epist. 9. Fortunat. libr. 9, carmen 2. Chron. Tarf. tom. 2. Murat. part. 2. col. 550.

Doch kann man dem Verfasser eine poetische Begabung nicht gänzlich absprechen; man vergleiche z. B. die anschauliche Schilderung des Zeitalters Christi I, 45—55 oder I, 125 seq., welche Stelle die Fähigkeit des Verfassers poetisch auszumalen, wo die Sache es erlaubt, bekundet; ferner bietet die Darstellung treffliche Bilder und kunstvolle Combinationen, vgl. I, 115 seq. II, 11. II, 154., vgl. besonders II, 177—179:

Nuncius ille doli, sed pacis nuncius iste.
Sponsa virum necuit, genuit sed sponsa leonem,
Virgo viro nocuit, sed vir de virgine vicit!

Oder die onomatopoetischen Verse V, 218. 219:

Cum tonitru cantuque tubae flammaeque columna,
Terribili visu, tremebundo corde virorum.

Solche merklichen Erhebungen über das gewöhnliche Niveau der beschreibenden und referirenden Sprache finden sich nur sporadisch und verdunkeln die Mängel nicht, die dem Gedichte sonst anhaften. Sehr fühlbar macht sich der Mangel einer klaren Disposition sowie eines planmäßigen und systematischen Fortschrittes. Zwar ist die Eintheilung in fünf Bücher vom Verfasser selbst: das bezeugen nicht nur der Anfang des fünften, sondern auch der Schluß jedes einzelnen Gesanges; aber diese Eintheilung entbehrt jedes tieferen Grundes und scheint nur der Theilung des tertullianischen Werkes adv. Marc. in fünf Bücher nachgebildet zu sein, ohne aber sachlich derselben zu entsprechen. Welches der leitende Gedanke bei der Disposition gewesen ist, erhellt aus den dunklen Versen im Anfange des fünften Buches nicht; das hier Angegebene deckt nicht den Inhalt des jedesmaligen Buches. Besser als die Angaben des Dichters sind die von Pamelius,[1] aber für treffend wird man sie nicht er-

---

1) Lib. I: De unico Deo. — „Inde sequens coniuncta docet mysteria legis Inque novo Deus quae foedere tradidit unus." His verbis satis obscuris indicat auctor scriptum hunc esse librum II de consonantia veteris et novae legis. — Tractat libro tertio, quod adeo etiam titulo adjecimus, de concordia patrum veteris et novi testamenti. — „Quartus ipse refert obscura piacula legis Esse typum veteris, quae paruit hostia vere Jamdudum exspectata piis cum semine sancto." Quibus verbis alias satis obscuris indicat piacula i. e. sacrificia veteris legis fuisse typum verae hostiae Christi, qua explicatione quum antitheses Marcionis dissolvat, quas hoc libro aemulamenta(!) nuncupat; libri huius titulo adiecimus: „De Marcionis antithesibus." — Quinto libro tractat enim fere omnes Marcionis haereseis et ad argumenta eius paucis respondet, quo fit, ut titulo adiecimus: De variis eius haeresibus.

klären können. Es findet sich in jedem Gesange etwas, was sich diesen Angaben nicht unterordnen läßt; man wird wohl auf eine kurze und zugleich genaue Angabe verzichten müssen, weil der Verfasser, wenn er auch ähnlich wie Pamelius angiebt, disponirt hat, sich an seine Disposition nicht hält, sondern innerhalb jedes Gesanges von dem Einen zu dem Andern überspringt, sodaß er fast in jedem Buche ausführlicher auf die Auferstehung des Fleisches zu sprechen kommt. Wünscht man aber dennoch einen kurzen Ueberblick, so kann man sagen: Das erste Buch handelt in 242 Hexametern von den verschiedenen Häresien, besonders von der des Marcion und von der Widerlegung einzelner Punkte derselben. Im zweiten Buch (269 Hexameter) wird die Uebereinstimmung der Grundwahrheiten im alten und neuen Testamente, im dritten (302 Hexameter) die Einheit der Kirchenlehre mit der Lehre des alten Bundes, Christi und der Apostel bewiesen. Mit dem vierten Buche (236 Hexameter) nimmt der Verfasser einen Anlauf zur Widerlegung der Lehre Marcions in ihren einzelnen Theilen, verfällt aber wieder nach seiner Gewohnheit in den Fehler, mit vielem Wortschwall einen Punkt zu behandeln, hier den, daß der alte Bund mit seinen theokratischen Einrichtungen den neutestamentlichen vorgebildet habe. Das fünfte Buch (253 H.) endlich behandelt die Antithesen Marcions. Nach diesem kurzen Berichte mag es gestattet sein, eine ausführliche Inhaltsangabe zu liefern. —

II.

Der Dichter hebt an mit dem Sündenfall und dessen Folgen. Nachdem der in der Schlange incarnirte Satan für seine Bosheit die verdiente Strafe empfangen hat, ist er um so eifriger bedacht, die Menschheit in Sünde zu verwickeln. Die Folge davon ist einerseits gänzliche Depravation der Religion; an die Stelle des vertrauten Umgangs mit Gott tritt Gottvergessenheit, Götzendienst, Polytheismus und der ärgste Aberglaube; andererseits auf sittlichem Gebiete ein immermehr sich steigerndes Verderben sowohl der bürgerlichen als auch der familiären Verhältnisse, ja der sittlichen Treue gegen sich selbst. Diese im Laufe der Jahrhunderte Ueberhand nehmenden Gräuel vollziehen sich zwar nach der Ansicht des Dichters unter steter versuchender Mitwirkung des Teufels, aber der Mensch wird durch dieselben doch mit Schuld beladen, da er aus freiem Willen den Versuchungen nachgiebt.[1] „Ille dolo suasit, homo libertate peregit" heißt es v. 28 (1—28).

Als nun die Menschheit unter den fortwährenden Versuchungen und heimlichen Einflüsterungen des Satans auf den Gipfel des Verderbens gekommen ist: da erscheint der Erlöser, der wahre Gottessohn, der wahrhaftige Gottmensch, öffnet gleichsam die Thür zu einem neuen Leben und erfüllt die Verheißungen der Propheten

---

1) Die Ansicht, daß der Satan keinen Menschen ohne seine Einwilligung zur Sünde nöthigen könne, findet sich häufig bei den älteren christlichen Schriftstellern. Vgl. Tert. adv. Marc. II, 6. 8. 9. Pastor Herm. libr. II, mand. 7. Tatian. cap. 16: $\Delta\alpha\acute{\iota}\mu o\nu\varepsilon\varsigma\ \delta\grave{\varepsilon}\ o\acute{\iota}\ \tau o\widetilde{\iota}\varsigma\ \mathring{\alpha}\nu\vartheta\varrho\acute{\omega}\pi o\iota\varsigma\ \mathring{\varepsilon}\pi\iota\tau\acute{\alpha}\tau\tau o\nu\tau\varepsilon\varsigma\ o\mathring{\upsilon}\varkappa\ \varepsilon\mathring{\iota}\sigma\iota\nu\ \alpha\acute{\iota}\ \tau\widetilde{\omega}\nu\ \mathring{\alpha}\nu\vartheta\varrho\acute{\omega}\pi\omega\nu\ \psi\upsilon\chi\alpha\acute{\iota}\ \varkappa\tau\lambda$. Iren. II. c. 32, 4. Tert. Apol. 23. Origenes contr. Cels. I, 6. VIII, 36.

(29—46).¹ Nun folgt in den nächsten Versen eine anschauliche Schilderung des Zeitalters und der Wirksamkeit Christi, welche letztere zu dem Resultate führt, daß einerseits „Alles den mächtigen Herrn erkennt",² andererseits aber der Feind besiegt wird, der nun, als er die großartigen Folgen des Werkes Christi schaut, und erkennt, daß ihm von Gott die verdiente Strafe drohe,³ noch einen letzten Versuch macht, das Feld zu behaupten (47—67). Er läßt nun, fährt der Dichter fort, „vom Volke Gottes abgefallene, ohne Vernunft umherschweifende, geistlos befundene, irdisch gesinnte Männer"⁴ als Verkündiger einer verabscheuenswürdigen Lehre auftreten und inspirirt ihnen die verderbliche Gnosis des Marcion, des Schülers Cerdos: es existirten zwei Urwesen,⁵ deren jedes sein eigenes Gebiet habe. Der Weltschöpfer, welcher auch das mosaische Gesetz gegeben habe und durch die Propheten geredet, sei der Urheber des Bösen; er sei nicht gut, aber gerecht, grausam, hart, kriegslustig, schrecklich durch sein Gericht und durch Bitten unerweichlich. Der andere, der gute Gott, habe sich niemandem offenbart,⁶ sei transcendent,⁷ richte überhaupt niemanden, verschone alle und beneide keinen

---

1) Der Sinn des 37 v. ist nicht recht klar; am besten, so scheint es, nimmt man den Vers als Abschluß der Schilderung der Wirksamkeit des Bösen, und dann wäre der Sinn: Endlich wird das bessere Ich des Menschen von der Sinnlichkeit ganz beherrscht.
2) v. 61. Signari = $\sigma\varphi\varrho\alpha\gamma\iota\zeta\varepsilon\sigma\vartheta\alpha\iota$ von der Taufe gesagt nach altkirchl. Sprachgebrauch.
3) v. 63—64:
   Audit et extremas flammarum in gurgite poenas
   — A domino sibi perpetuas tenebrasque paratas
stammen aus der Kirchenlehre, dieselbe Anschauung findet sich sehr häufig bei Tert., Iren., Hippol.
4) Vgl. Justin, Apol. I, 26. 56.
5) Vgl. Tert. adv. Marc. I, 2. I, 6. Marcionem dispares deos constituere, alterum iudicem, ferum, bellipotentem; alterum mitem, placidum et tantummodo bonum et optimum. Vgl. ibid. II, 11. 12. Justin, Apol. I, 26. Iren. III, 25, 1—3.
6) Vgl. Tert. adv. Marc. I, 8. 9. Das Gleiche berichten fast alle Bestreiter des Marcion, Iren., Epiph. etc. sehr oft.
7) Vgl. Tert. adv. Marc. I, 11. Zu constituens nihil Tert. I, 11: Duplex ista videatur necesse est, ut aut noluerit condere quid, aut non potuerit. Tertium cessat. I, 13: quanto indignius deo est, nihil eum omnino fecisse. I, 17: Nunc in articulo — satis constitit, tam nihil illum condidisse. Wie bei Tert., so ist auch an unserer Stelle das „nihil" nur relativ zu verstehen. Sämmtliche Quellen geben an, daß der gute Gott eine obere Welt geschaffen habe;

ums Leben. Ein Gericht über die Schuldigen finde nicht statt,[1] und das Fleisch werde nicht auferstehen. Der gute Gott sei plötzlich in der Person Christi zur Erde gekommen, aber dem Wesen nach als Geist und nur mit einem scheinbaren Körper[2] (68—95). Hier setzt die Widerlegung ein, indem der Dichter erstlich den Vorwurf von Gott abwehrt, als wolle er die Menschen durch nichtigen Schein täuschen, und dann ausgehend von der geschichtlichen Erscheinung Christi ohne Speculation dessen wahre Menschheit zu beweisen sucht, der sowohl durch sein eigenes Werk als auch durch die Verheißungen der Propheten allbekannt sei (96—104).[3] Hierauf schreitet der Verfasser zu einer Rüge der Gegner fort, deren ganzes religiöses Verhältniß zu Gott ein verkehrtes, deren Lehre von Gott, von Christo dem Heilande und Retter, und vom Menschen eine falsche sei (105—113);[4] macht ihnen den Vorwurf der Undankbar-

---

das nihil bezieht sich auf die Welt der Erscheinungen. Tert. wie unser Dichter argumentiren als schlechte Staatsanwalte, die den Verbrecher angreifen, wie es ihnen paßt. Vgl. Justin, Apol. I, 26: Marcion sagt, ἄλλον τινὰ νομίζειν μείζονα τοῦ δημιουργοῦ θεόν.... ὡς ὄντα μείζονα, τὰ μείζονα παρὰ τοῦτον πεποιηκέναι. Tert. adv. Marc. I, 15. Auch die Schule des Marcion hielt daran fest, vgl. Harnack: De Apellis gnosi monarchica p. 56.

1) Vgl. Tert. adv. Marc. I, 26. 27. II. 15. 16. — v. 86. „mixtum cum melle venenum" ein sehr beliebtes Bild für gnostische Häresien in der Kirche und überhaupt für Vermischungen des Kirchlich-Gesunden mit dem Häretischen. Vgl. Can. Murator. Zeile 67 seq: „fel enim cum melle misceri non congruit." Hermas, Mandat V, 1: ἐὰν γὰρ λαβὼν ἀψινθίου μικρὸν λίαν εἰς κεράμιον μέλιτος ἐπιχέῃς, οὐχὶ ὅλον τὸ μέλι ἀφανίζεται. Aehnliches bei Iren. III, 17, 4. Tert. de anima 3. Ignat. ad. Trall. 6, vgl. Hesse: Das muratorische Fragment. 1873. p. 226 ff.

2) v. 92: „inque hoc et Christum terris venisse repente." In hoc bezieht sich auf den deus bonus, sodaß Christus die Erscheinung des incertus deus ist. Vgl. Tert. adv. Marc. I, 19: sed per semetipsum revelatus est in Christo. Harnack: Apelles p. 78. not. 1. Zu repente vgl. Tert. adv. Marc. III, 2. 3. IV, 4. 11. Zu 94 „spiritus" vergl. Tert. adv. Marc. II, 28. III, 7. 8—24. IV, 7. 18. 9. Iren. I, 27, 2. Fictum sub imagine corpus = φάντασμα, häufig bei Tertull.

3) Zu v. 96 seq. vgl. Tert. adv. Marc. III. Zu v. 102 vgl. Iren. IV, 33, 2. Tert. adv. Marc. I, 23. II, 28.

4) v. 109: Martyria et vacua, et Christi quoque nomen inane. Die Kvv. berichten von vielen standhaften Märtyrerthaten der Marcioniten, vgl. Eus. h. e. V, 16. IV, 15, 46. VII, 12. Tert. I, 27; aber schon Cyprian de unitate eccles. sagt, daß das Märtyrerthum der Häretiker nichtig sei. v. 109: „Christi nomen inane". Justin sagt, nachdem er von den Häretikern gesprochen, zuletzt von Marcion: πάντες οἱ ἀπὸ τούτων ὁρμώμενοι Χριστιανοὶ καλοῦνται, ὃν τρόπον καὶ οἱ

keit sowie der Leichtgläubigkeit (114—119) und tadelt sie wegen ihrer unfriedlichen Gesinnung und Beschuldigung Gottes, der ihnen Alles so reichlich und herrlich ohne ihr Verdienst geschenkt, Alles zu ihrem Nutzen, Vortheil und Vergnügen so prächtig eingerichtet habe; den kein Mensch — selbst die unverständigen Heiden nicht — so arg gelästert habe, wie sie. „Kommt es euch, ruft er aus, nicht in den Sinn, daß euch, die ihr dem Namen Christi entfremdet seid, des Marcion Name in die Hölle gebracht hat?" Saget an, welche That Gottes gefällt euch nicht, etwa die, daß er euch so lange das liebliche Sonnenlicht in seiner Gnade schauen ließ? Oder was liegt euch daran, lieber euren Unglaublichen zu glauben? Ja, wenn ihr euch auf den verlassen habt, dann ist es kein Wunder, daß euch der Versucher umstrickte! Nun wird gezeigt, wie der Satan die von Gott entfremdeten und darum widerstandsunfähigen Gemüther in mancherlei Gnosis verwickelte und dadurch immer tiefer und tiefer in's Verderben stürzte; wie er den Marcion mit seiner dualistischen Lehre, den Simon Magus mit seiner blasphemischen Predigt und seinem unsittlichen Verkehr mit der Buhlerin Helena, den Valentin mit seiner Gnosis von den dreißig Himmeln, dem Vater Bythos und der doppelten Feuertaufe, den Basilides mit seiner Aeonentheorie, den Marcus mit seinem Eifer, keusche Jungfrauen gewaltsam zu Magierinnen zu machen, und seiner Irrlehre vom h. Abendmahl; den Hebion mit seiner judaistischen und gesetzlichen Ansicht, die Gemüther zu verwirren anstachelte (120—170).[1]

οὐ κοινωνοῦντες τῶν αὐτῶν δογμάτων τοῖς φιλοσόφοις τὸ ἐπικατηγορούμενον ὄνομα τῆς φιλοσοφίας κοινὸν ἔχουσιν. Apol. I, 26. I, 7.

1) Zu v. 158. 159:
   Persuasit sese virtutem dicere summam,
   Fingere cum meretrice nefas, peragrare, volare,
vgl. Tert. de anima 34: se quidem finxit summum patrem. Justin. Apol. I, 26. 56. Iren. I, 23. Euseb. 2, 14. Theodoret. haer. fab. 1, 1. Lipsius: Quellen der römischen Petrussage. Kiel 1872. Lipsius, Artikel „Simon" in Schenkels Bibellex. Band V, p. 301 ff. Joh. Delitzsch: „Simon Petrus und Simon Magus" in den Studien u. Kritik. 1874. II. — Daß Simon gewandert und geflogen sei, stammt aus judenchristlichen Sagen und Apostelgeschichten. Vgl. Clem. Homil. et Recogn. und Acta Petri et Pauli. Zu v. 160 vgl. Tert. adv. Marc. I, 5: Honestior et liberalior Valentinus, qui simul ausus est duos concipere, Bython et Sigen, cum usque ad XXX Aeonum fetus, tanquam Aeneiae scrofae, examen divinitatis effudit. Pseudotert. 4. Iren. I, 1 sq. Worauf sich v. 162 stützt, kann nicht nachgewiesen werden; es giebt keine Quelle, nach welcher Valentin eine doppelte Taufe

Mit diesen wenigen Zügen meint der Dichter zugleich auch die vielfachen Gräuel genügend geschildert zu haben, welche der Satan gegenwärtig durch seine Werkzeuge ohne einen Schein der Berechtigung für sich zu haben verübe und durch die er den Weltschöpfer zu beschuldigen bemüht sei (171—176). Hiernach fordert er die Gegner auf, umzukehren, so lange es noch Zeit sei und sich gläubig zu dem wahren Sohne des wahrhaftigen Vaters zu wenden, der ja gekommen sei, die mit Sünde Befleckten zu reinigen und die den Vätern gewordenen Verheißungen zu erfüllen; denn der, welcher das Gesetz gegeben hat, erläßt auch die Sünden. Der Eine erreicht etwas durch Verdienst, weil er vorher geglaubt hat; einem Andern schenkt der Herr, der alle Völker zu taufen befiehlt, Alles aus Gnade (177—188). Von hier aus wendet sich der Verfasser zur Vertheidigung der Auferstehung des Fleisches. Der ganze Mensch, sagt er, glaubt und der ganze Mensch wird getauft; er fastet und erträgt Schmerzen für den Namen des Herrn: darum müßte auch, weil der Tod wahrhaft besiegt sei, der ganze Mensch auferstehen[1] und nicht bloß ein Theil desselben, die Seele, welche doch nur in Verbindung mit dem Fleische die Siegespalme habe erkämpfen können.[2] Einmal wäre es ein großes Unrecht, welches man dem gütigen und gerechten Gotte nicht zutrauen dürfe, daß er nämlich von den zwei Theilen des Menschen, welche bestimmt seien gemeinsam im Leben ihre Aufgabe zu lösen, nur die schon an und für sich reicher begabte und bevorzugte Seele zur Herrlichkeit erwecken, den Leib dagegen im ewigen Tode untergehen lassen werde[3] (195—209). Dann habe die Seele für sich allein, ohne das Fleisch, gar nicht Gott wohlgefällig

---

gelehrt hat. Entweder ist unser Dichter der einzige Zeuge für dieselbe, oder er hat sich geirrt. Letzteres ist am wahrscheinlichsten. Zu v. 165 vgl. Iren. I, 21. zu v. 166 vgl. Pseudotert. 5. Iren. 1, 13 ff. Zu v. 169 vgl. Tert. de carne Christi 14. De praescript. 33. Pseudotert. 3. Iren. I, 26, 2.

1) Vgl. Tert. adv. Marc. IV, 37: Si totus homo perierat ex utraque substantia, totus homo salvus fiat necesse est; et elisa est sententia haereticorum negantium carnis salutem.

2) Vgl. Tert. De resur. carn. 8: Non possunt ergo separari in mercede, quas opera coniungit.

3) Vgl. Tert. De resur. carn. 9: Diliget carnem tot modis sibi proximam, etsi infirmam, sed Virtus in infirmitate perficitur, etsi imbecillam, sed Medicum non desiderant nisi male habentes, etsi inhonestam, sed Inhonestioribus maiorem circumdamus honorem, etsi damnatam, sed Ego, inquit, percutiam et sanabo.

leben können,¹ wie solle sie daher allein die Auferstehung verdient haben, während das Fleisch, welches so manchen Schmerz ertragen, welches von Wunden gequält, in den Staub geworfen, den Fischen, Vögeln und Raubthieren zum Fraß gegeben sei, derselben nicht würdig sein solle.² Welche Sünden könne es denn ohne die Seele begehen,³ oder was hindere dasselbe die Gnadengeschenke Gottes anzunehmen und ewig zu leben? Schließlich wird noch der Einwand zurückgewiesen, als wenn Gott den Körper nicht wieder erwecken könne. Den Leib, den Gott so wunderbar bereitet, werde er vielmehr noch herrlicher erstehen lassen,⁴ damit nicht die Macht des Bösen stärker sei als die größte Kraft, vielmehr der Mensch die unendliche Liebe und Allmacht Gottes durch Christum erkenne und unsterblich an Leib und Seele in den himmlischen Räumen freudige Loblieder ewiglich singe (210—242).

Zweites Buch. Nachdem der Satan in Folge seiner Ueberwindung erkannt hatte, daß er auf die alte Art und Weise nichts mehr erreichen werde, raffte er sich noch einmal auf und versuchte nun durch eine neue List, dem Werke Christi entgegenzuarbeiten. Diese List besteht darin, daß er, um in seinen schändlichen Werken verborgen zu bleiben und desto leichter die Menschen in's sichere Verderben zu stürzen, scheinbar sich die wahre Lehre aneignete, sie aber verfälschte,⁵ „indem er den Irrthum in's Gewand der Wahrheit, das Anstößige in Gefälliges kleidete und die töbtliche Lanzenspitze unter Rosengewinden verbarg." Den heiligen Gott zerspaltete

---

1) Vgl. Tert. De resur. carn. 40, die Erklärung von 2 Cor. 4, 16: Porro nec anima per semetipsam homo, quae figmento iam homini appellato postea inserta est, nec caro sine anima homo, quae post exilium animae cadaver inscribitur. etc. Ibid. 7. 8. 15.
2) Vgl. Tert. De resur. can. 8: Age iam, quid de ea sentis, cum pro nominis fide in medium extracta et odio publico exposita decertat, cum in carceribus maceratur etc.
3) Vgl. Ibid. 16: Nihil carnem agere per semetipsam, quod non animae deputetur, nihilominus peccatricem iudicat (apostolus) carnem, ne eo, quod ab anima videatur impelli, iudicio liberata credatur. Vgl. Ibid. 40: Quid caro sine anima? etc.
4) Ibid. 8: caro corpore et sanguine Christi vescitur. 57: Si demutamur in gloriam quanto magis in incolumitatem. Vgl. Ibid. 60. — Nach dieser Stelle ist unser Verfasser ein ebenso entschiedener Realist wie sein Vorkämpfer Tertullian und sein Nachfolger Prudentius. Vgl. Apoth. 1063 seq. 1047 seq. Perist. X, 602 etc.
5) Vgl. I, 86. Matth. 13, 24. 25.

er, stellte das Werk Christi im falschen Lichte dar[1] und suchte eine Verachtung des alten Testamentes und dessen Anschauung von dem stets gegenwärtigen und stets wirksamen allmächtigen Gotte (welche der Lehre von dem transcendenten Gotte entgegen war) zu erregen durch seine Behauptung, daß die beiden Testamente mit einander in Widerspruch seien, daß gegen die Worte der Propheten des Herrn Worte eiferten und das Gesetz aus einem schändlichen Grunde gegeben sei.[2] Aber auch das neue Testament wird nicht in seiner Ganzheit anerkannt, von den vier Evangelien nur eins und dies nur verstümmelt angenommen[3] und als dessen Verfasser Paulus angesehen;[4] dazu jedes Citat aus dem alten Bunde, ja Alles, was Paulus von demselben geredet, ausgemerzt (1—35). Von hier aus wendet sich der Dichter zuerst gegen die Beschneidung der vier Evangelien. Mit Anspielung auf Apocal. 22, 1. 2 und Ezech. 47, 1—12 führt er aus: Wie jene Quelle ewigen Wassers, an deren Ufer ein zwölfmal fruchttragender Baum wächst, sich in die vier Himmelsrichtungen ergießt und doch stets von der gleichen Beschaffenheit bleibt, so erbaue sich durch das apostolische Wort aus dem Leibe Christi die Kirche mit ihrer lebenwirkenden Kraft; und ihr Evangelium, welches in vierfacher Form aus einer Quelle stamme und eines sei in vierfacher Gestalt[5] (v. 27), habe Paulus als das einzige

---

1) Vgl. Tert. de carne Chr. 5.
2) Vgl. Tert. adv. Marc. I, 19: Separatio legis et evangelii proprium et principale opus est Marcionis. IV, 1. Pseudotert. 6: Ilic prophetias et legem repudiat. Iren. ad. haer. IV, 9. I, 27, 3. IV, 27—32. 33, 2.
3) Vgl. Pseudotert. 6: Solum evangelium Lucae nec tamen totum recipit. Vgl. Iren. I, 27, 2: Et supra haec id quod est secundum Lucam evangelium circumcidens Tert. adv. Marc. IV, 2. 25. 6. De carne 2. De praescript. 38. Hippol. Philosoph. VII, 31. Iren. III, 11, 9. Tert. adv. Marc. I, 1: Quis tam comesor mus Ponticus, quam qui evangelia corrosit?
4) v. 29: Auctoremque sui Paulum per multa capessunt enthält die sehr interessante Notiz, daß die Marcioniten den Paulus für den Verfasser ihres Evangeliums gehalten haben; die anderen Bestreiter des Marcion erwähnen dies nicht; ja, Tert. sagt, Marcion habe sein Evangelium überhaupt mit keiner Ueberschrift versehen. Vgl. adv. Marc. IV, 2: Contra Marcion evangelio, scilicet suo, nullum adscribit auctorem, quasi non licuerit illi titulum quoque affingere, cui nefas non fuit ipsum corpus evertere. Nach dieser Aeußerung scheinen erst seine Anhänger sich dieser weiteren Freiheit schuldig gemacht zu haben.
5) Aehnlich argumentirt Iren. II, 27. III, 11, 7: Ἐπειδὴ τέσσαρα κλίματα τοῦ κόσμου, ἐν ᾧ ἐσμέν, εἰσὶ καὶ τέσσαρα καθολικὰ πνεύματα, κατέ-

und wahre in alle Welt hinausgetragen.¹ Von diesem Evangelium habe er auch den Galatern, welche von judaistisch gesinnten Brüdern gesetzlich zu leben überredet waren, abzuweichen verboten, damit sie nicht einen kleinen Theil des Evangeliums für das ganze hielten;² und, fügt der Dichter hinzu, nicht das geschriebene Wort ist das Evangelium, sondern vielmehr Christus selbst, der vom Vater die frohe Botschaft brachte und dessen Werk nach Thaten und Worten die vier h. Evangelisten unter dem Beistande des h. Geistes³ erzählten (36—64).

Mit v. 67 geht der Verfasser zum zweiten Punkte über, zum Beweise der Einheit des alten und neuen Testamentes. Christus sei als Passahlamm zur Sühne am Kreuze gestorben; daß er aber der den Vätern verheißene Messias und der Gott des Lebens sei, lehre Paulus im Briefe an die Korinther.⁴ Die Bedeutung des wahren Passahlammes werde nur dann richtig erkannt, wenn man dessen Vorbildes, des alttestamentlichen Passahs Bedeutung verstehe. Zum Beweise hierfür werden nun Beispiele aus dem alten Testamente angeführt: die Opferung Isaaks,⁵ das Passah beim Auszug aus Aegypten, das des Josua beim Einzuge in Kanaan, sie und alle, welche von den Königen und Propheten gefeiert wären, seien Typen des einen und wahren Passahs (65—85). Ja, gleich im Anfange der heiligen Geschichte finde sich der Erlösungstod Christi durch das von Gott selbst zur Sühnung der eingetretenen Sünde

---

σπαρται δὲ ἡ ἐκκλησία ἐπὶ πάσης τῆς γῆς. Στύλος δὲ καὶ στήριγμα ἐκκλησίας τὸ εὐαγγέλιον καὶ πνεῦμα ζωῆς κτλ.

1) Vgl. Tert. de pudicit. 14: Paulum apostolum Christi, doctorem nationum in fide et veritate, vas electionis, ecclesiarum conditorem, censorem disciplinarum etc.

2) v. 47: Tradit evangelium Paulus sine crimine mundum, Abque hoc et Galatas vetuit discedere sanctos ist gegen falsche Schlüsse gerichtet, die die Marcioniten aus Gal. 2 zogen. Vgl. Tert. adv. Marc. IV, 3; V, 3.

3) Der Verfasser scheint sich der origenistischen Ansicht von der Inspirationslehre, daß nämlich nicht „äußere" Worte eingegossen seien, sondern eine Steigerung des geistigen Vermögens stattgefunden habe, angeschlossen zu haben.

4) Vgl. I Cor. 5, 7. 8.

5) Barnabae epist. 7 zu v. 74. Auch hier wird Christus mit dem bedrängten Bock verglichen, wie aus dem Zusammenhange erhellt: Ἐμπτύσατε πάντες καὶ κατακεντήσατε, καὶ περίθετε τὸ ἔριον τὸ κόκκινον περὶ τὴν κεφαλὴν αὐτοῦ, καὶ οὕτως εἰς ἔρημον βληθήτω. Vgl. Fragm. Melit. Otto: Corpus Apologet. IX. p. 416.

geschlachtete Lamm vorgebildet.¹ Aber alle alttestamentlichen Opfer vermöchten nicht so viel wie die Selbstopferung Christi; auch habe Gott kein Gefallen am Thierblut, möge selbst alles Vieh auf den Altären geopfert werden; das bringe dem Menschen die verlorene Ehre nicht wieder,² dies habe nur Christus bewirken können, der nach dem länggehegten Liebesrathschluß Gottes Mensch werden und die Erlösung stiften sollte, er, auf den der Täufer Johannes³ einst als auf das wahre Passahlamm gezeigt und den Paulus als das geopferte Lamm³ verkündigt habe⁴ (86—120).

Wie Gott mit dem Felle jenes Lammes die nackten Körper bedeckte, so bekleide Christus mit seinem Lichte die durch seinen Tod erlösten Menschen, darum werde er „Opferlamm" genannt; und wie ein Hirte das verlorne Schaf ohne Scheu vor Mühsal und ohne Furcht vor dem mordgierigen Wolfe und Löwen sucht und muthig um seine Rettung kämpft: so suche auch Christus den gewaltsam gefesselten Adam, indem er denselben Weg betrete, auf welchem der Tod das Verderben bereitete, und um Alle zu retten bereitwillig die schwere Schuld auf sich nehme⁵ (121—141).

1) Vgl. Genesis 3.
2) Vgl. S. 5.
3) ad v. 109. Es ist merkwürdig und interessant, daß der Verfasser den Täufer apostolus ingens nennt. Vgl. Iren. III, 11, 4.
4) Vgl. Tert. ad Praxeam 21: Idem et agnus Dei ab Johanne designatus.
5) Oehler hat unsers Erachtens falsch konstruirt in den Versen 137—139:
Ex utero incipiens inimicam expellere mortem
Conceptae simul in gremio cum semine carnis;
es ist vielmehr inimicam mortem mit simul cum semine conceptae carnis zu verbinden und zu übersetzen: Indem er anfängt aus dem Mutterleibe den feindlichen Tod, der zugleich mit der Conceptio dort eingedrungen ist, zu vertreiben. Der zusammenhängende Sinn wäre dann: Ueberallhin, wo der Tod seine Macht übt, geht Christus; gleich mit der Conceptio ist der Keim des Todes vorhanden; um den Tod gänzlich zu besiegen, mußte er ihm bis in seine frühesten Anfänge nachgehen und ihn überwinden d. h. er mußte nicht ex semine viri, sondern ex semine Dei et conceptione virginis geboren werden. Eine ausgezeichnete Parallele zu der ganzen Stelle findet sich Iren. II, 22, 4. 5: Magister ergo existens magistri quoque habebat aetatem, non reprobans nec supergrediens hominem neque solvens suam legem in se humani generis, sed omnem aetatem sanctificans per illam quae ad ipsum erat similitudinem. Omnes enim venit per semetipsum salvare: omnes, inquam, qui per eum renascuntur in Deum, infantes et parvulos et pueros et iuvenes et seniores. Ideo per omnem venit aetatem, et infantibus infans factus, sanctificans infantes, in parvulis parvulus, sanctificans hanc ipsam habentes aetatem simul et exemplum illis

Weil der von Gott abgefallene Satan[1] durch die Verführung des Weibes zur Sünde das menschliche Geschlecht dem Tode unterworfen hatte: so entsproß nach Gottes Willen aus demselben Geschlechte die Blüthe der Menschheit, die Freundin des Friedens, das aus der Jungfrau geborne schuldlose Kind, damit die Jungfrau der Jungfrau, das Fleisch des Fleisches Schuld sühne. Ein Held als Kind, ein Mann als Knabe, ein Jüngling als Mann folgt er dem Tode, breitete an demselben Orte und an demselben Tage, an welchem Adam vor vielen Jahren die verwegene Hand nach dem Baume ausstreckte,[2] seine Arme am Kreuze aus und besiegte den Tod (142—171). Nachdem er in die Unterwelt hinabgestiegen war, die Ueberwindung des Feindes offenbart[3] und unter dem Beistande des Vaters sein Werk vollendet hatte, hat er seinen freiwillig dahingegebenen Leib wiederempfangen. „Eine Verlobte tödtete den Mann, eine Verlobte gebar den Löwen, eine Jungfrau stürzte den Mann, ein Mann aus der Jungfrau siegte" (172—184). Weissagend habe Adam, als er bei seinem Erwachen die Eva Fleisch von seinem Fleisch, Bein von seinem Bein nannte, von Christus geredet. Dieser sei nach der Lehre des Paulus der zweite, der himmlische Adam; wie Eva die Mutter alles Lebens sei, so sei das aus Christi Seite geflossene Blut die Kirche, die Mutter des wahren Lebens, Fleisch von seinem Fleisch, Bein von seinem Bein (185—195). In den

---

pietatis effectus et iustitiae et subiectionis: in iuvenibus iuvenis, exemplum iuvenibus fiens et sanctificans Domino. Sic et senior in senioribus, ut sit perfectus magister in omnibus, non solum secundum expositionem veritatis sed et secundum aetatem, sanctificans simul et seniores exemplum ipsis fiens. Deinde et usque ad mortem pervenit, ut sit primogenitus ex mortuis, ipse primatum tenens in omnibus princeps vitae, prior omnium et praecedens omnes. Vgl. Iren. V, 23, 1. 2.

1) Der Verfasser hat sich den Fall des Teufels der Versuchung Adams vorausgehend gedacht, also nicht wie andere VV. den Fall desselben als Strafe für seine Verführung des Menschen gefaßt. z. B. Tatian. Vgl. Cyprian., De dono patient: Diabolus hominem ad imaginem Dei factum impatienter tulit: inde et periit primus et perdidit. Prudent. Hamart. 186: Deterior mox sponte sua, dum decolor illum Inficit invidia stimulis instigat amaris. Ibid. 203: Principe ab illo Fluxit origo mali, qui se corrumpere primum Mox hominem didicit, nullo informante magistro.

2) Vgl. Iren. V, 23, 1. 2. I, 14, 6.
3) Vgl. V, 240. Iust. dial. c. Tr. 72. Iren. IV, 27. V, 31. Tert. de anima 7, 55. Clem. Str. VI, 6. II, 9. Orig. ctr. Cels. II, 43; dagegen über Marcions Ansicht vgl. Iren. I, 27. Neander: D. G. p. 222.

folgenden Verſen ſchildert der Dichter Golgatha als die Mitte der Erde[1] und als den Ort, wo der erſte Menſch begraben ſei; hier habe Chriſtus gelitten, damit das aus ſeinem Leibe fließende Blut die Gebeine Adams zum Leben erweckte; dieſer ſei das Schaf,[2] welches der Hirte am Sabbath aus dem Brunnen habe holen wollen. Deßhalb habe der treffliche Schöpfer des Neuen und der Erneuerer des Alten am Sabbath die erſtorbenen Glieder alles Fleiſches geheilt, die Blindgebornen ſehend gemacht, den Lazarus aus dem Grabe erſtehen laſſen, und daſſelbe werde er nach ſeiner Verheißung beim Anbruch des heiligen Tages allen Gläubigen erweiſen (196—214). An dieſer Stelle kommt der Verfaſſer noch einmal auf die Auferſtehung des Fleiſches zu ſprechen. Wenn keine allgemeine Auferſtehung ſtattfände, warum habe denn Chriſtus die Schäden des Fleiſches liebend geheilt und ſogar einige von dem Tode erweckt? Sei das Verderben im Stande die Körper zu vernichten, ſollte Gott doch die Macht beſitzen ſie wieder herzuſtellen! Wer dieſen Glauben nicht habe, der beſchuldige Gott, daß er das Gute entweder nicht wolle oder nicht könne![3] (215—225). In der ganzen Natur habe Gott den Menſchen ein weiſſagendes Bild der Auferſtehung gegeben,[4] und wenn in dieſer ein Wiederaufleben nicht geleugnet werden könne, warum ſolle denn der Menſch, um deßwillen ſie doch nur geſchaffen ſei, nicht zu einem neuen Leben erwachen? In den folgenden Verſen verwahrt ſich unſer Verfaſſer gegen die buchſtäbliche Auslegung der Stelle 1 Kor. 15, 50 von Seiten Marcions.[5] Fleiſch und Blut ſei hier nicht eigentlich zu verſtehen, ſondern im allegoriſchen Sinne als die früheren Thaten aus fleiſchlicher Geſinnung.

---

1) Vgl. Das Gedicht De cruce v. 1. 2.
2) So wird wohl am beſten das „haec" v. 204:
  Haec ovis est una, quam se per sabbata vivam
  Inferni e puteo statuit subducere pastor
zu faſſen ſein.
3) Vgl. Iren. adv. haer. V, 12. 13. Tert. adv. Marc. II, 5 seq.
4) Vgl. Tert. De resurrect. 12, wo der ordo revolubilis rerum als testatio resurrectionis mortuorum aufgefaßt iſt. Clem. ad Cor. 24.
5) Marcion verwarf allein von allen Gnoſtikern die allegoriſche Auslegung und berief ſich dafür auf Paulus als ſeinen Gewährsmann, vgl. Tert. adv. Marc. III, 5. 18. 19. V, 1. Orig. comm. in Matth. T. XV, 3 (apud Ruaeum T. III. p. 655). Orig. comm. in ep. ad Rom. T. II, 12 (ap. R. T. IV. p. 494 seq.). Ephr. Syr. hymn. 36 (edit. Benedict. p. 521 seq.). Pseudorig. Adam. (ap. R. T. I. p. 808. 817.). Stellen aus Harnack: Apelles p. 74. not. 1.

Dazu komme noch der positive Grund, daß Paulus sage, zur Zeit der Wiederkunft Christi werde den Gläubigen kein neuer Körper gegeben, sondern der alte werde überkleidet, mit der Herrlichkeit Christi angethan unsterblich sein und triumphirend über den besiegten Feind werde das Fleisch Gotte freudige Loblieder singen (226—269).

Im dritten Buche versucht der Dichter die Uebereinstimmung der Väter des alten und neuen Bundes zu beweisen; alle seien in verschiedener Beziehung Vorbilder Christi und ständen dadurch in dem engsten Verhältnisse zu ihm. An 26 Beispielen führt er dies durch. Die einst unfruchtbare Mutter, beginnt er, habe geboren und Abraham werde nun als gesegneter Vater von allen Völkern gepriesen. Freue Dich, Unfruchtbare, ruft er der Sara zu, daß Du das verheißene Volk geboren hast, dessen fromme Glieder als Vorbilder des leidenden Messias zu dulden haben.[1] Der erste Typus sei Abel, der treffliche, von Bruderhand getödtete Hirt; ihm folge Enoch,[2] der glaubensfeste Priester unter dem gottentfremdeten Volke, als dritter reihe sich diesem Noah[3] an, welcher sich und die Seinen durch das Strafgericht in der Sindfluth hindurchrettete (1—28). Aus dem nachfolgenden Geschlechte rage Abraham[4] hervor, welcher im Gehorsam gegen das Gebot Gottes aus seiner Heimath in fremde Gegenden wanderte und der Gläubigen Vater wurde, so wie der Patriarch Jakob, der während seines ganzen Lebens durch Wort und That, durch Tugendhaftigkeit und Leiden die fröhlichen Zeiten Christi vorbildete. Ein sehr treffendes Beispiel sei Joseph sowohl wegen seiner harten Tugend als auch seiner ansehnlichen Stelle im Alter halber; ferner Judas der Stammvater des gewaltigen Königs; der Führer des Volkes, Moses,[5] der lieber die Leiden des Volkes tragen als im Reichthum schwelgen wollte und mit göttlicher Kraft ausgerüstet dasselbe aus der Knechtschaft befreite, ihm das Gesetz gab, welches er durch wenige Leute den Völkern der Erde mittheilen ließ,[6] „und die Hände seitwärts streckte, damit er unter diesem

---

1) Zu v. 1—12 vgl. Jes. 54, 1. Clem. ad Cor. II, 2.
2) Vgl. Gen. 5, 24. Hebr. 11, 5. Clem. ad Cor. I, 9.
3) Vgl. Gen. 6, 8. 7, 1. Hebr. 11, 7. II Petr. 2, 5. Jerem. 3, 22. 19. Clem. ad Cor. I, 6. — 4) Clem. ad Cor. I, 10.
5) In v. 48 seq. weicht der Verfasser von der biblischen Relation ab, indem er den Moses aus freiem Antriebe das königliche Haus meiden läßt.
6) Daß Moses selbst durch Mittelspersonen die im Gesetz empfangene Offenbarung überliefert habe, ist eine von der gewöhnlichen Relation abweichende An-

Zeichen die Feinde besiegte.¹ Alles redet hier von Christo und durch Christum"² (29—66). Auch Josua³ sei durch Namen und Tüchtigkeit eine Weissagung auf Jesus; von den Richtern genügten wenige Beispiele: der Glaubensfeste Gideon,⁴ die heldenmüthige Debora; die Opferung der Tochter Jephthas, der Tod Simsons (67—125). Auch Samuel, welcher den ersten König gesalbt, und David der große König und Prophet zeugten von Christo. In den vv. 135—224 zeigt der Verfasser mit mehr oder weniger Deutlichkeit, wie der Eiferer Hiskias, der fromme König und und Reformator Josias, der gläubige Elias, dessen tüchtiger Schüler Elisa, der wortreiche Jesaias, der heilige Jeremias, der treue Hesekiel, die 12 kleinen Propheten, der gewaltige Daniel und endlich der Prophet und Priester Ebras durch ihre Lehre von Christo geweissagt, theils auch durch ihr Leben und Leiden das Werk desselben vorgebildet hätten.⁵

sicht unsers Verfassers; die allgemein verbreitete Ansicht war die, daß die Heiden das Beste, was ihre Schriften enthielten, dem Moses entwendet hätten. Funken der Wahrheit, sagt Clemens Protrept., fielen auch in die Seelen der Griechen. Allein das Wahre und Gute in den Schriften der Philosophen ist nach der Kirchenlehre nicht ihre eigene Entdeckung, sondern sie verdanken es zum Theil dem Moses und den Propheten. Vgl. Tschirner: Geschichte der Apologetik S. 415. Tert. Apolog. 47. Justin. Apol. I, 57. Pseudojustin. Cohortat. p. 20 seq. Minucius Felix 34. Tatian c. 26.

1) Barnab. XII. Justin. Dial. c. Tr. 111, p. 204. Tert. ad Judaeos 10. adv. Marc. III,, 18.

2) Vgl. Murator. Fragment Zeile 44—45: ordinem (d. h. Inhalt) scripturam sed et principium (d. h. Ausgangspunkt) earum esse Christum.

3) Vgl. Barnab. XII. Justin. Dialog. c. Tr. 113. Tert. adv. Marc. III, 16.

4) Vgl. Barnab. IX zu vv. 90 sq.

5) Zu v. 136—141 vgl. 2 Kön. 18. 19. 20; zu v. 142—147 vgl. ibid. 22. 23. v. 150 (vgl. Mt. 17, 10. Mr. 9, 11. Joh. 1, 25). Der Verfasser sieht abweichend von der älteren Ansicht (Thilo, Apocr. p. 356) den Grund der Apotheose Elia's nicht in seinem keuschen Leben, sondern darin, daß er noch einmal wiederkommen sollte. Dabei scheint der Verfasser die Parusie des Elias nicht als schon geschehen gedacht zu haben, wie es nach Mt. 11, 14: wo Christus Johannes den Täufer als Elias bezeichnet, vgl. Luc. 1, 17, richtiger ist, sondern als noch bevorstehend. v. 189 ist nicht in der Bibel begründet und steht im Widerspruch mit der späteren Sage, die in Cairo das Grab des J. zeigt, mit der jüdischen Tradition (Seder olam rabba c. 26), die ihn von Nebukadnezar nach Babylonien geführt werden läßt, und mit den Berichten der KVV. (Hieron. adv. Jov. 2, 37. Tert. adv. Gnost. 8), nach denen er von seinen Landsleuten gesteinigt wurde. Die Veranlassung zu dieser Abweichung gab wohl Mt. 16, 14. — Zu v. 217. 218 vgl.

Der Letzte im alten Bunde und auch der Erste im neuen sei der Täufer Johannes; nachdem dieser den Weg bereitet hatte, erschien Christus der Gott selbst mit seinen zwölf Jüngern, der Menschheit Blüthe. Ihnen allen sei ein Glaube, eine Liebe, eine Kraft gegeben, und was sie so wie ihre Schüler gesehen und gehört, hätten sie der Wahrheit gemäß gelehrt; mit ihnen habe der später erwählte Apostel Paulus[1] unter allen Völkern das eine wahre Evangelium von Christo verkündigt: „Christus ist das Haupt, die Glieder sind die Kirche; er ist das Heil des Körpers, das ewige Leben der Glieder; er selbst wurde Mensch und ist für Alle gestorben; er erstand als der Erste und ist die einzige Hoffnung auf Rettung."[2] Seinen Schülern habe er ein Vorbild gegeben und diese hätten alle für seinen Namen unwürdige Strafen erlitten (225—248).

Solche treffliche Glieder, resumirt der Verfasser, besaß die alttestamentliche, Gott immer gehorsame und angenehme, Kirche; deßhalb dürfe man dieselbe nicht verwegen tadeln oder beschuldigen (249—271).

Nachdem der Verfasser die enge Zusammengehörigkeit des alten und neuen Bundes bewiesen hat, geht er zur Darlegung der Uebereinstimmung der römischen Kirchenlehre mit Christi und seiner Apostel Lehre über. Dieser Aufgabe entledigt er sich einfach durch die Berufung auf die ununterbrochene Tradition. Petrus sei der erste römische Bischof gewesen,[3] selbst habe er zu seinem Nachfolger den Linus ernannt,[4] auf welchen Cletus, Anacletus, Clemens, Euaristus, Alexander und Sixtus gefolgt seien; unter des letzteren Nachfolger Telesphorus sei Cerdo nach Rom gekommen, habe aber der kräftig blühenden Kirche keinen Schaden zufügen können; nach Telesphorus hätten Hyginus, Pius und Anicetus den Bischofsstuhl empfangen, unter dem Pontificat des letzteren habe Marcion sich nach Rom be-

---

IV Esra 14. Iren. adv. haer. III, 25. Augustin. de miracul. script. 2, 33. Hieron. ad Helvid. 7. p. 212. Opp. ed. Vall. II.
  1) In vice missus deutet vielleicht darauf hin, daß der Verf. die sehr seltene Ansicht getheilt habe, daß nämlich Paulus an Stelle des Judas erwählt sei.
  2) Die vv. 236 seq. u. 243 seq. legen ein Zeugniß ab für das gesunde kirchliche Bewußtsein unsers Verfassers.
  3) Vgl. Euseb. Chron. zum 2. Jahre des Kaisers Claudius: Πέτρος δὲ κορυφαῖος τὴν ἐν Ἀντιοχείᾳ πρώτην θεμελιώσας ἐκκλησίαν εἰς ἄπεισε κηρύττει τὸ εὐαγγέλιον. Hieron. script. eccl. 1. Iren. haer. III, 1, 3. Euseb. II, 5.
  4) Euseb. H. E. III, 2: Τῆς Ῥωμαίων ἐκκλησίας μετὰ τὴν Παύλου καὶ Πέτρου μαρτυρίαν πρῶτος κληροῦται τὴν ἐπισκοπὴν Λίνος.

geben und im Verborgenen sein schändliches Wesen getrieben; aber als er auch öffentlich seine Irrlehre zu verkünden wagte, sei er entlarvt und seiner Schandthat überführt worden (272—302).[1]

Christus habe, fährt der Dichter im vierten Buche fort, seinen Jüngern den Auftrag gegeben, in Demuth, Liebe und Sanftmuth die Völker zu belehren, gegen die Sünde zu eifern und seine Gemeinde gegen feindliche Angriffe zu schützen. Daher habe auch er, der Dichter, das Recht und die Pflicht, auf Grund der h. Schrift die wahre Lehre darzulegen und die in mancherlei List verborgene Predigt der irrenden Anhänger Marcions zu enthüllen, damit niemand unwissend in sie verstrickt werde und des Heils verlustig gehe (1—15). Ein Gott, hebt er an, existirt für alle Menschen, er ist die Quelle des Lebens, sein Reich besteht von Ewigkeit her, es giebt keine ungeschaffene Materie;[2] er, der Alles umfaßt, von keinem Orte umschlossen wird, ist vielmehr der allmächtige Schöpfer Himmels und

---

[1] Diese ganze Stelle findet sich in auffälliger Aehnlichkeit bei Iren. I, 27, 1, besonders aber III, 3. 4 (Fundantes igitur et instruentes beati Apostoli Ecclesiam Lino episcopatum administrandae Ecclesiae tradiderunt. Succedit autem ei Anacletus; post eum tertio loco ab Apostolis episcopatum sortitur Clemens qui et vidit ipsos Apostolos et contulit cum iis .... Huic autem Clementi succedit Euaristus, et Euaristo Alexander ac deinceps sextus ab apostolis constitutus est Sixtus et ab hoc Telesphorus, qui etiam gloriosissime martyrium fecit ac deinceps Hyginus, post Pius, post quem Anicetus. — Valentinus enim venit Romam sub Hygino, increvit vero sub Pio et prorogavit tempus usque ad Anicetum. Cerdon autem qui ante Marcionem et hic sub Hygino, qui fuit octavus episcopus saepe in ecclesiam veniens et exhomologesin faciens, sic consummavit, modo quidem latenter docens, modo vero exhomologesin faciens, modo vero ab aliquibus traductus in his quae docebat male et abstentus est a religiosorum hominum conventu; Marcion autem illi succedens invaluit sub Aniceto decimum locum episcopatus continente); sie scheint nur eine freie Uebersetzung des Iren. zu sein, doch aller Wahrscheinlichkeit nach des griech. Textes.

[2] v. 16—25 sind gegen den Dualismus M.'s gerichtet. In v. 19. 20 argumentirt der Verf. ganz ebenso wie Athenagoras: legat. pro Christianis c. 8: Gott umschließt Alles, keine Gegend reicht für sich hin, ihn zu umschließen, es ist also kein Raum für einen anderen Gott vorhanden, folglich kann überhaupt kein anderer existiren. Zugleich enthalten diese Verse die Vorstellung einer körperlichen Allgegenwart Gottes, vgl. Theophil. ad Autol. I, 5, wo die Welt mit einem Granatapfel verglichen wird, wie dieser von der Schale, so wird die Welt von Gott umgeben. Cyprian. de idol. van. p. 15: Deus ubique totus diffusus. Tert. adv. Marc. I, 11. Iren. II, 1. Orig. de princ. II, 1. Nach v. 21. 22 ist unser Verf. ein Zeuge dafür, daß Marcion eine neben Gott von Ewigkeit her bestehende Materie angenommen hat, wie dies Tert. adv. Marc. I, 15 bezeugt wird.

der Erde; ihn offenbart das mosaische Gesetz als alleinigen Gott. Dieser Gottes Sohn sei Christus, das vom Lichte gezeugte Licht; dieser Christus sei durch die Propheten verheißen; so lehre denn auch Paulus: Es ist ein Gott, von dem Alles geschaffen ist, und ein Christus, durch den Gott Alles geschaffen hat.[1] Er liebe gleich wie der Vater sein Volk und wolle es heiligen, darum behüte und fördere er durch das Gesetz[2] unser Heil (16—42). Gott erlasse alle Sünden aus Gnade; freilich habe er durch die Sindfluth und die Vernichtung Sodoms auch die unmündigen und unschuldigen Kinder getödtet; dies Gericht sei aber kein Act der Grausamkeit, sondern der Liebe und Barmherzigkeit gewesen, indem Gott dadurch verhütet habe, daß auch die Kinder nach dem bösen Beispiele ihrer Eltern aufgewachsen und durch Selbstbestimmung zu Sündern geworden seien (43—56).[3]

Den Einwand, daß Gott mit sich selbst in Widerspruch sei, da er, der Wahrhaftige, einmal die Opfer befohlen und die Uebertretung seiner Gebote mit dem Tode zu bestrafen geheißen, und dann diese Bestimmungen wieder verworfen habe, wehrt der Dichter mit dem Zurufe ab: Suche nicht nach Gründen; die Kraft des Glaubens ist stärker als die Einbildung des Denkens. Der alttestamentliche Cult sei nur typisch und im Lichte der neutestamentlichen Erfüllung zu verstehen. Diese Behauptung wird nun an mehreren Beispielen mit einer bis in's Kleinste gehenden allegorischen Auslegung erhärtet. Wenn der Priester mit dem Blute des geopferten Kalbes das Volk, die Gefäße des Tempels, die Gesetzesbücher besprenge: so deute dies darauf hin, daß Christus für die Sünder leiden, ihr Joch auf sich

---

1) Zu v. 32 seq. vgl. I Cor. 8, 6; zu v. 34 vgl. Philipp. 2, 10; zu v. 35 vgl. Eph. 3, 15.

2) Hier, v. 40—42:
    Legitimos monet esse, iubet, castigat et instat
    Corripiens Galatas fratres et apostolus idem
führt der Verfasser gegen den Antinomismus des Marcion den Paulus, auf den sich die Marcioniten für ihre Ansicht beriefen, selbst in's Feld.

3) Von v. 43 an geht der Verf. auf marcionitische Antithesen ein; ob er sie direct und unmittelbar gekannt hat, läßt sich nach dem Wortlaut nicht beurtheilen. Es scheint, als ob die vv. 43—46; vv. 47—56 jedenfalls die v. 57 seq. zu Grunde liegenden Antithesen aus Tertull. genommen sind, vgl. Tert. adv. Marc. II, 22: Diximus de sacrificiorum rationali institutione, avocanti scilicet ab idolis ad Deum officia ea quae si rursus eiecerat dicens, Quo mihi multitudinem sacrificiorum vestrorum? hoc ipsum voluit intellegi quod non sibi ea proprie exegisset. Non enim bibam, inquit, sanguinem taurorum......

nehmen und sein Blut zur Sühne vergießen werde. Die Tempelgefäße stellten die menschlichen Körper dar, Christus selbst sei der wahre Tempel Gottes und habe durch sein Blut die Menschen zu Priestern seines Leibes gemacht; er sei des höchsten Vaters Hohepriester, heile alle Kranken und erkläre das Gesetz durch sein heiliges Blut für überwunden (57—83).

In gleicher Weise werden hierauf die bei der Opferung einer Kuh und der beiden Böcke in Anwendung kommenden Gebräuche typisch-allegorisch gedeutet.[1] Dann folgt eine sehr ausführliche Beschreibung und subtile Deutung des Tempels, seiner einzelnen Theile und aller in ihm befindlichen ritualen Gegenstände[2] (84—214). So meint nun der Verfasser die völlige Uebereinstimmung beider Testamente bewiesen zu haben, wie denn auch die Apostel bezeugten, daß jegliches Wort des alten Gesetzes zum neuen in Beziehung stehe. Daran könne man daher auch den Irrthum derer ermessen, welche die Geschichte verdrehten, Gott beschuldigten und versicherten, Christus stehe außerhalb des Gesetzes und wolle weder die Welt noch das Fleisch erretten.[3] — Den Schluß dieses Gesanges bildet eine Aufforderung, solchem gefährlichen Irrthum möglichst weit aus dem Wege zu gehen und eine Mahnung Gott zu danken und mit Preis- und Lobliedern sich des sichern Heils zu freuen (215—236).

Nachdem der Verfasser in ziemlich dunklen Worten den Inhalt der vier vorhergehenden Bücher angegeben, stellt er als die Aufgabe des fünften Gesanges die Widerlegung der einzelnen Lehrsätze Marcions auf, wobei er zugleich das Vertrauen ausspricht, daß

---

1) Vgl. Barnab. VII. VIII.
2) Vgl. Bähr, Symbolik I, 75. Philo app. II, p. 146. Kurtz, Studien u. Kritiken 1844. II, p. 315. Zu v. 139 vgl. Apok. 6, 9. 10. 11. Zu v. 145. 146. Der Verf. nimmt wie Tertull. für die abgeschiedenen Seelen zwei Orte in der Unterwelt an, einen für die Frommen, Abrahae sinus, einen für die Gottlosen, inferi. Vgl. Tert. adv. Marc. IV, 34. Apol. c. 47. Ueber die verschiedene Terminologie von „inferi, Abrahae sinus, Paradisus" vgl. (Orig. hom. II in I Reg. 1 u. hom. in Num. 26, 4) Münscher v. Cölln I, p. 57. Gieseler, D. G. p. 225. — Bei semotus ab igne ist nicht an ein Reinigungsfeuer zu denken, sondern an das Feuer in der Hölle, vgl. Just. Apol. II, 1. 2. 7. Dial. c. Tr. 130. Apol. I, 19. — Die vv. 193—195 scheinen Apok. 4, 8 u. Jesaia 6, 2 ihren Ursprung zu verdanken. Für v. 196 ist es nicht gelungen, eine Parallele zu finden. Zu v. 202—203 vgl. Apol. 4, 4. 6.
3) Zu v. 220 sq. vgl. die Antithesen des Marcion bei Tertull. adv. Marc. I, 19. III, 24. IV, 12. 30. IV, 16. II, 18. V, 5. IV, 27. Zu v. 226 vgl. Ibid. V, 9.

er den Feind, obwohl er stark gerüstet sei, überwinden werde. Wie viel lieber er auch den Gott, der sich so reichlich offenbart habe, besingen möchte, so müsse er doch davon abstehen, weil das heimlich fressende Gift der Irrlehre ihn zur Widerlegung zwinge (1—30). Welch' ein Gott ist das, beginnt er, den ihr den wahrhaftigen nennt! welcher sich noch nie offenbarte und nun plötzlich aus seinem Reiche zur Erde hinabgestiegen ist![1] Sei die Erde sein Eigenthum, warum erscheine er so spät; wenn sie ihm aber nicht gehöre, weßhalb reiße er sie wie ein Räuber an sich und beschwere das unter dem Gesetze weilende Volk mit so vielen Geboten?[2] Sei er nicht zur Bedrückung, sondern um Erbarmen zu üben gekommen, warum nahe er denn unerwartet und unbekannt erst so spät? (31—44). War seine Absicht, die Seele von dem Leibe zu befreien (vgl. v. 39): so hätte er nicht im Fleisch erscheinen, sondern als Geist an einem Tage alle Menschenseelen an sich ziehen und in den Himmel erheben, die Erde aber entvölkern müssen. Wie[3] trefflich dies auch gewesen wäre — würde doch dann das Geschlecht der Irrlehrer untergegangen sein —, so sei doch bekanntlich nichts dergleichen geschehen; um seinen Zweck zu erreichen, hätte der unbekannte Gott das menschliche Geschlecht unfruchtbar machen und aussterben lassen müssen. Auch dies habe er nicht gethan; nicht nur pflanzten sich die Völker in unzähliger Menge fort, sondern auch Paulus habe die Ehe geboten. Die Gegner entzögen sich derselben nur aus schändlichen Gründen[4] (46—84).

---

1) Vgl. Tert. adv. Marc. I, 9. IV, 36. II, 26. 28. IV, 20. Theodoret I, 24: τὸν μὲν ἐκάλεσεν ἀγαθὸν καὶ ἄγνωστον. Epiph. haer. 42 (304): μίαν μὲν τὴν ἄνω ἀρχὴν ἀκατονόμαστον καὶ ἀόρατον ἐκάλεσεν, (305): πατὴρ ἀκατονόμαστος καὶ ἀόρατος.
2) Vgl. Tertull. adv. Marc. II, 28. I, 23. 22. De carne Christi cap. 2: Odit moras Marcion, qui subito Christum de coelis deferebat. III, 2: Subito filius et subito missus est subito Christus. IV, 11: Subito Christus, subito et Johannes. Sic sunt omnia apud Marcionem, quae suum et plenum habent ordinem apud creatorem.
3) Vgl. Tert. adv. Marc. I, 29: Quomodo enim salvum hominem volet quem vetat nasci, de quo nascitur auferendo? Quomodo habebit in quo bonitatem suam signet, quem esse non patitur? Quomodo diligit cuius originem non amat? Timet forsitan redundantiam subolis, ne laboret plures liberando, ne multos faciat haereticos, ne generosiores habeat Marcionitas ex Marcionitis.
4) Vgl. Tert. adv. Marc. III, 11. IV, 21. De carne 4. ad uxorem I, 3. Iren. I, 28. Clem. Strom. IV, 211. Tert. adv. Marc. I, 29. IV, 7. 17. 23. 29.

Während sie durch ihre Lehre einen Theil des Menschen zu retten hofften, richteten sie ihn durch ihre Gesinnung ganz zu Grunde; der Geist für sich sei nicht der Mensch, noch das Fleisch der alte Adam,[1] noch seien Geist und Fleisch feindliche Gegensätze, sondern der wahre Mensch bestehe in der Einigung beider; nicht beständen beide neben einander, sondern sie seien in steter Wechselwirkung; die Seele bediene sich des Körpers für ihre Functionen und wünsche ihn unsterblich ewig zu behalten. Zwar sei der Körper zu einer bestimmten Zeit dem Tode unterworfen, aber er werde auferstehen, wie auch Christus auferstanden und leibhaftig gen Himmel gefahren sei (85—111). Im Folgenden sucht der Verfasser die Identität des alt- und neutestamentlichen Gottes zu beweisen. Wenn[2] der in Christo geoffenbarte Gott nicht der Weltschöpfer sei, nicht das Gesetz gegeben und Israel aus Aegypten gerettet habe, warum sei Christus gerade im heiligen Lande und unter dem alttestamentlichen Volke erschienen, warum habe er nicht andere Völker und Gegenden aufgesucht? Wie habe er die von einem Anderen versprochenen längst erwarteten Gnadengeschenke verleihen können? Vielmehr sei es der Schöpfer selbst, der von Ewigkeit her liebend ermahnt, alle seine Werke gestärkt und erhalten habe, den schon verachteten Menschen aber mit seinem Lichte neu bekleiden werde (112—130). Alle vorherbeigebrachten Gründe hätten aber die Juden und Marcioniten nicht überzeugen können, darum fordert sie der Dichter nun auf, rein irdischen Beweisführungen zu trauen. Als Christus geboren wurde, seien zum ersten Male alle Völker geschätzt; damals sei auch Joseph mit seinem Weibe und dem himmlischen Kindlein in die Schatzungslisten eingetragen worden. Diese Dokumente, welche ein Zeugniß für die h. Schrift ablegten, sollten sie erforschen und überführt Buße thun und um Gnade flehen. Zwar geständen die Juden ein,[3] den Mord

---

1) Nach der Ausdrucksweise liegt dem 90. Verse: Interior simul et veterem quem dicitis hostem ein marcionitischer Ausdruck zu Grunde, welcher aber von den übrigen Ketzerbestreitern nicht aufbehalten ist.

2) Vgl. Tert. adv. Marc. III, 19—21 zu v. 113. Sic nec illam iniectionem tuam potest sistere ad differentiam duorum Christorum, quasi Judaicus quidem Christus populo soli ex dispersione redigendo destinetur a creatore, vester vero omni humano generi liberando collatus sit a deo optimo, cum postremo priores inveniantur Christiani creatoris quam Marcionis, exinde vocatis omnibus populis in regno eius ex quo deus regnavit a ligno, nullo adhuc Cerdone, nedum Marcione. — Zu v. 118 vgl. Tert. adv. Marc. III, 15. 16.

3) Es ist auffällig, daß unser Dichter hier plötzlich von den Juden spricht;

an Christo begangen zu haben, auch leugneten sie nicht, daß das Geschlecht Christi vorhanden sei, aber sie möchten nicht eingestehen, daß sie einen Menschen um der Wahrheit willen an's Kreuz geschlagen hätten, sie breiteten daher eifrig aus, Christus sei nur ein gewöhnlicher Mensch gewesen; dagegen dichteten sie, die Marcioniten, ihm einen scheinbaren Körper an,[1] während er doch Mensch und Gott zugleich sei (131—164).

Der Sohn des alleinigen Gottes sei zur Rettung der Menschheit als Mensch geboren, aber geschmäht und mißhandelt worden,[2] bis endlich am Kreuze der Gott sich wieder vom Körper unter gewaltigen Naturerscheinungen und Wundern getrennt habe. Dies wüßten die Gegner wohl, doch absichtlich verhehlten sie es. Wenn Christus aber ein körperloser Geist gewesen sei, wie habe er Kleider tragen, Strafe erleiden und sterben können![3] Ja, auch durch die Einsetzungsworte beweise er selbst, daß er einen aus Fleisch und Blut bestehenden Körper besessen habe[4] (165—197). Dieser ge-

es kann dies geschehen sein, weil er gegen den Doketismus der Marcioniten anführen wollte, die Juden hätten Christum für einen wahren Menschen gehalten; aber wozu sollte denn eine solche Gegenüberstellung des beiderseitigen Irrthums dienen? Blickt man auf das 3. Buch des tert. Werkes und beachtet den Gedankengang desselben (1. die Einheit des alt- und neutest. Gottes; 2. Weissagung und Erfüllung; 3. die Erscheinung Christi gerade in dieser Zeit; 4. der Empfang des Heilands von Seiten der Juden; 5. Widerlegung des Doketismus; 6. Christus der Sohn des creator, dabei die allegorische Deutung der alttest. facta auf Christum) und vergleicht man damit die hier gegebene Anordnung, die im Wesentlichen der dortigen entspricht (ad 1 v. 113—117. ad 2 v. 118 seq. ad 3 v. 131 seq. ad 4 v. 151 seq. ad 5 v. 165 seq. ad 6 v. 198 seq.): so liegt die Vermuthung nahe, daß der Verf. das Werk Tertull.'s vor Augen gehabt und benutzt hat.

1) Vgl. Tert. adv. Marc. III, 8.
2) Zu v. 169: Potatur scriblita, et fel miscetur aceto bemerkt Fabricius: Scriblita genus iuris et cibi plebeii, de quo in cruce potionem datam Christo, nullo alio assentiente, quod sciam, scribit Tertullianus. Pertinet huc versus Sibyllinus: „Εἰς μὲν τὸ βρῶμα χαλκύ, δ' εἰς δίψαν ὄξος ἔδωκαν". Alii intelligunt herbam quandam insuavem et amaram, quam Johannes nomine speciali ὕσσωπον nominat, Tertullianus vero scriblitam. Wir haben uns von der Richtigkeit dieser Erklärung nicht überzeugen können, da wir aber keine bessere an deren Stelle zu setzen vermögen, so müssen wir die Sache in dubio lassen.
3) Eine ähnliche Beweisführung findet sich bei Tert. adv. Marc. III, 15: Si enim Christus unctus est, ungui utique corporis passio est. Qui corpus non habuit, ungui omnino non potuit; qui ungui omnino non potuit, Christus vocari nullo modo potuit. Aliud est, si et nominis phantasma affectavit.
4) Der Verfasser hat eine ganz realistische Anschauung vom Abendmahl; vgl.

kreuzigte Christus, der wahre Sohn Gottes, habe von dem Anfange der Welt an nach dem Willen des Vaters zu den Erwählten geredet, das Volk aus Aegypten geführt, es sicher als Licht- und Regenwolke durch die Wüste geleitet, ihm durch Mose das Gesetz gegeben, das gelobte Land geschenkt und durch die Propheten seine künftige Erscheinung vorhergesagt.[1] Endlich sei er selbst als Mensch geboren, habe die Schuld vieler auf sich genommen, bittere Strafe erlitten, durch sein Sterben den Tod überwunden und das Heil bereitet. Nach Vollendung seines Werkes auf der Erde sei er in die Unterwelt hinabgestiegen, am dritten Tage mit einem Körper siegreich auferstanden, gen Himmel gefahren, wo er nach Wiederannahme seiner Herrlichkeit zur Rechten Gottes sitze vereinigt mit dem h. Geiste, bis ihn einst Gott zum Gerichte wieder zur Erde senden werde (198—253).

Irenaeus IV, 18, 4: Quomodo constabit eis, cum panem, in quo gratiae actae sint, corpus esse Domini sui et calicem sanguinis eius, si non ipsum fabricatoris mundi filium dicunt. Tert. adv. Marc. I, 14. IV, 40.

1) Vgl. Tert. adv. Marc. II, 27: Nam et profitemur Christum semper egisse in Dei patris nomine, ipsum ab initio conversatum, ipsum congressum cum patriarchis et prophetis, filium creatoris sermonem eius etc. Vgl. Clem. Alex. Paed. III, 12. p. 310: Πάντα ὁ λόγος καὶ ποιεῖ καὶ διδάσκει καὶ παιδαγωγεῖ. Vgl. Paed. I, 7. p. 132—134. II, 8. p. 215. II, 10. p. 224. 229. III, 3. p. 264. III, 4. p. 269. Strom. I, 23. p. 421. 422. VII, 1. p. 883. Tert. adv. Marc. III, 16: idque non per Moysem, id est non per legis disciplinam, sed per Jesum... Adv. Prax. 14. 15.

III.

1. Die in dem Gedicht bekämpften Gegner.

Das Gedicht ist uns von Fabricius unter dem Titel „adversus Marcionem" überliefert, und dieser Bezeichnung sind alle späteren Herausgeber beigetreten. Ob in jener „antiqua scriptio" sich dieser Titel fand, läßt sich nicht bestimmen, da Fabricius jede dahingehende Aeußerung unterläßt; es muß also dahingestellt bleiben, ob er das Carmen so betitelt vorfand, oder ob er durch Tert. adv. Marc. I, 1 verleitet es selbst so überschrieb. Aber auch selbst dann, wenn ersteres richtig wäre, meinen wir nicht ohne Weiteres dem Fabricius beistimmen zu dürfen, weil wir sonst an einer freien Forschung verhindert würden namentlich, wie sich später zeigen wird, in Betreff des Verfassers, und außerdem aus inneren Gründen zur Aenderung des Titels uns genöthigt sehen werden. Niemals in dem ganzen Gedicht wendet sich der Verfasser direct gegen Marcion; ferner abgesehen davon, daß er diesen gefährlichsten Gegner der Kirche als überwunden voraussetzt vgl. III, 300—302 — denn auch sonst verhandeln die christlichen Apologeten des Alterthums mit den verstorbenen Häretikern wie mit lebenden — bezeichnet er ausdrücklich als seine Gegner die Schüler und Anhänger des Marcion, wie er sie denn auch stets in der 2. oder 3. Person Pluralis anredet.[1]

---

[1]. Vgl. I, 141—144:
    Haec vobis per Marcionem Cerdone magistro
    Terribilis refuga attribuit fera munera mortis.
    Nec venit in mentem, quod vos a nomine Christi
    Seductos ad Marcionis tulit infima nomen?

Obwohl nun der Name Marcionitae selbst in dem Gedichte nicht vorkommt, so meinen wir doch, da der Verfasser unzweifelhaft Marcioniten im Auge hat, da ihm ferner wie aus ihrer Benennung seducti ad Marcionis nomen hervorgeht sehr wohl bekannt war, daß die Anhänger des Marcion sich nach diesem nannten, dazu berechtigt zu sein, den Titel in „Quinque carmina adversus Marcionitas" zu ändern. Ob aber der Verfasser die Marcioniten im Allgemeinen bekämpft, oder eine in sich geschlossene, geordnete und ansässige Marcionitengemeinde, kann mit Sicherheit aus dem Gedichte nicht nachgewiesen werden. Genaueres könnte auf diese Frage auch erst nach der Bestimmung der Abfassungszeit geantwortet werden. Daß zur Zeit des Gedichtes die Marcioniten noch bestanden haben und zwar wie es scheint als die einzige nennenswerthe Häresie des Abendlandes,[1] geht sowohl aus der Absicht,[2] der das Gedicht entstammt, als auch aus einzelnen Stellen desselben deutlich hervor.[3] Wenn nun in den Versen III, 285—287 gesagt wird, daß Cerdo als Vorläufer und Anstifter ihrer, der Gegner, Gräuel nach Rom gekommen, so läßt sich vielleicht schon aus dieser Bezeichnung des Cerdo vermuthen, was sich auch durch die Untersuchungen über den Ort der Abfassung bestätigt, daß der Verfasser sein apologetisches Werk gegen die in Rom seßhaften Marcioniten geschrieben hat.

2. Der Ort der Abfassung.

Wenn wir die Gegner aller Wahrscheinlichkeit nach in Rom zu suchen haben, so liegt schon a priori die Vermuthung nahe, daß auch der Verfasser dort lebte. Doch ist bei der Bestimmung des Abfassungsortes nicht diese Vermuthung für uns maßgebend gewesen,

---

1) Es ist sehr beachtenswerth, daß auf Manichäer nirgends im Gedicht auch nur angespielt wird; obwohl dieselben in Rom um 380 zahlreich waren und einen bedeutenden Einfluß besaßen (Aug. Confess. V, 8—13).

2) Vgl. IV, 10—15, wo als Zweck des Gedichtes angegeben wird, die in den Irrlehren der Marcioniten verborgene Gefahr aufzudecken, damit keiner unwissend in sie gerathe und darin umkomme. Diese Absicht konnte der Verfasser doch nur beim Vorhandensein von Marcioniten hegen.

3) Vgl. I, 175: Per quos nunc tantum sceleris sine teste locutus.
IV, 228. 229: Quos obduratis fugiendum auribus ultro,
   Ne sermone suo maculent innoxia corda.
V, 19: Et quamvis hostes muniti fortibus armis.

Diese Stellen beweisen sowohl das zahlreiche Vorhandensein und den gefährlichen Einfluß der Marcioniten als auch die Zugehörigkeit tüchtiger Männer zu ihnen.

sondern wenn wir Rom mit Bestimmtheit für den Ort der Entstehung des Gedichtes erklären: so leiten uns dabei zwingende Gründe. Als Hauptbeweis führen wir den Schluß des dritten Gesanges an. In diesem Buche will der Verfasser den Irrlehren der Marcioniten gegenüber seine und seiner Kirche Lehre als die allein wahre und richtige dadurch beweisen, daß er den innigen Zusammenhang seiner Lehre mit der alttestamentlichen so wie mit der Christi und der Apostel aufzeigt und zwar letzteres durch einfache Berufung auf die ununterbrochene römische Tradition. Es wäre nun doch sonderbar, wenn ein Mann, der im Allgemeinen in seiner Polemik das Traditionsprincip durchaus in den Hintergrund rückt,[1] sich zu seiner Beweisführung gerade der römischen Tradition bedient haben sollte, ohne selbst der Gemeinde Roms anzugehören. Dazu kommt, daß er zur Bezeichnung Roms das Pronomen hic gebraucht, ohne daß der Stadt vorher Erwähnung gethan wäre. Wenn er z. B. sagt III, 275—277:

> Ex quibus electum magnum plebique probatum
> Hac cathedra Petrus qua sederat ipse locatum
> Maxima Roma Linum primum considere iussit.

und weiter unten v. 297:

> Sub quo Marciou hic veniens nova Pontica pestis.

so erklärt sich solche Ausdrucksweise doch wohl dann am besten, wenn der Verfasser sich in Rom befand. Dies Resultat wird noch von anderer Seite her bestätigt. Obwohl sich der Verfasser in der Reihenfolge und Charakteristik der Päpste streng an Irenäus hält,[2] so finden sich doch Zusätze, die er nicht aus diesem, wohl aber aus römischen Quellen geschöpft hat,[3] was wiederum für Rom spricht.

---

1) Vgl. die herrlichen Verse II, 55—57:
Atque adeo non verba libri, sed missus in orbem
Ipse Christus evangelium est, si cernere vultis.

2) Die Uebereinstimmung mit Iren. besteht zunächst darin, daß Clemens auf Anaclet folgt. Vgl. Iren. haer. III, 3, 3. Lipsius, Chronologie der römischen Bischöfe 1869. Dann ist v. 282: Sextus Alexander Sixto commendat ovile wörtliche Uebersetzung von Iren. III, 3, 3 nur mit Veränderung des Wortspiels bei Iren.: ἕκτος ἀπὸ τῶν ἀποστόλων καθιστάτο Ξύστος. Ebenso ist v. 284: Telesphoro, excellens hic erat martyrque fidelis wörtlich aus Iren. III, 3, 3: Τελέσφορος ὃς καὶ ἐνδόξως ἐμαρτύρησεν. Vgl. über weitere Abhängigkeit S. 28.

3) Daß der Verfasser auch römische Quellen benutzte, zeigt die Trennung des Anacletus in Cletus und Anacletus; wahrscheinlich ist er dem Catalg. an 230

Wenn das im muratorischen Fragment Zeile 73—76 über den „Pastor" Gesagte[1] nach der Behauptung Credners[2] „auf einen engeren Zusammenhang des Verfassers mit Rom weist"; wenn ferner die gleiche Aussage sich in einer römischen Schrift dem Catalogus Liberianus als Bemerkung zu dem Bischof Pius findet und sonst nirgends weiter: so liegt es nahe daraus, daß in unserm Gedichte die gleiche Aeußerung über Hermas vorkommt, auf Rom zu schließen.[3] — Auch die Anspielung auf Simon Magus in I, 155—159:

> Post ea multiplici mauantem vulnere pestem
> Distribuit multis, et inemendabile crimen.
> Infandos omni magicae dementia plenos
> Persuasit sese virtutem dicere summam
> Fingere cum meretrice nefas, peragrare, volare.

---

gefolgt, dort findet sich diese Trennung; in dem Ct. Lib. auch die Anmerkg. über den Pastor: Sub huius episcopatu frater eius Ermes librum scripsit, in quo mandatur contineturque, quod ei precepit angelus cum venit ad illum in habitu pastoris. Vgl. Lipsius a. a. O. S. 266. — I, 27, 1 zählt zwar auch Iren. den Hyginus als den neunten Bischof, aber da er ihn sonst constant als den 8. bezeichnet, erklärt sich diese Zählung am besten so, daß Irenäus die Angabe in seiner Quelle fand und diese arglos nachschrieb. Da man nun gerade in Rom nachweisbar Hyginus als den 9. zählte: so wird die Quelle des Iren. eine römische gewesen sein. Vgl. Lipsius, Quellenkritik S. 55. Harnack, Quellenkritik S. 43—55.

1) Pastorem vero nuperrime temporibus nostris in urbe Roma Herma conscripsit sedente cathedra urbis Romae ecclesiae Pio episcopo, fratre eius.

2) Vgl. Geschichte des Kanon S. 168.

3) .... loco nono cathedram suscepit Hyginus.
Post hunc deinde Pius, Hermas cui germine frater
Angelicus pastor, quia tradita verba locutus.

Mit Zahn halten wir gegen Mosheim, Hefele, Hilgenfeld (cui) an der Lesart der editio princeps fest, denn die Conjectur ist überflüssig nach der Erklärung Hefele's: (proleg. ad past. Herm. p. XCIV) Hermam, Pii primi fratrem, medio seculo II ab angelico pastore edoctum librum nostrum conscripsisse etiam Pseudotert. tradit! Nach unserer Stelle ist der angelicus pastor kein anderer als der Bruder des Pius, und der mit quia eingeleitete Satz dient zur Begründung des angelicus. Angelicus heißt Hermas, weil er es mit Engeln zu thun hat und deren Worte und Aufträge berichtete. Dadurch ist, das will unser Verfasser sagen, auch der Hermas neben seinem Bruder ein sicherer Gewährsmann für die Wahrheit und Richtigkeit der römischen Lehre, daß er den ersonnenen und falschen Traditionen der Gnostiker gegenüber die wahre der römischen Kirche vertrat. Wie weit nun die Aussagen unsers Verfassers über den Pastor Hermas glaubwürdig sind gegen Zahn a. a. O. S. 23 zu vertheidigen, kann hier nicht gefordert werden. Den Schein eines tendenziösen Skepticismus hat Zahn nicht vorsichtig genug vermieden.

spricht am meisten für Rom; denn obgleich Simon Magus als Vater aller Ketzereien auch sonst im Abenlande bekannt war, so ist es doch zweifelhaft, ob eine Bezeichnung wie die obige ihn hinreichend kenntlich gemacht hätte; in Rom dagegen, wo er in der Erinnerung Aller lebte, würde sie Niemanden darüber in Zweifel gelassen haben, wen der Dichter meine.

Wir halten also an Rom als dem Abfassungsort fest; es findet sich auch nicht eine Stelle in dem Gedichte, welche dieser Ansicht widerspräche. Die Schilderung von dem gesegneten Wohnsitze (I, 126 sq.), welchen der allgütige Gott den Menschen verliehen habe (vobis — paravit), kann, so allgemein sie auch ist, ganz gut von dem fruchtbaren, wein- und wasserreichen Latium hergenommen sein und wenn der Dichter II, 228—230 sagt:

> Jam liquidae stringuntur aquae, stridente rigore
> Saxa fiunt et semper erunt, nisi magna potestas
> Solverit inducto molli spirante tepore.

und dadurch zeigt, daß er die Gletscher kennt: so ist man deßhalb keineswegs genöthigt, ihn von Rom nach Oberitalien oder Südgallien zu versetzen, sondern braucht sich nur an das Vides ut alta stet nive candidum Soracte bei Horaz zu erinnern, um zu wissen, daß auch ein Römer von Gletschern sprechen konnte. —

3. Die Zeit der Entstehung.

Für die Abfassungszeit des Carmen sind abgesehen von einigen indirecten Aussagen, welche wir später kennen lernen werden, keine äußeren Zeugnisse vorhanden, und da auch im Gedichte selbst kein Datum verzeichnet ist, so sind wir nur auf innere Gründe angewiesen, diese sind aber um so zahlreicher und sicherer.

Bei manchen Stellen erhält man, ohne daß man eine genauere Zeitangabe machen könnte, den Eindruck, als stamme das Gedicht aus einer verhältnißmäßig frühen Zeit. Es ist zum Theil von einem evangelischen Geiste durchdrungen, wie er sich später nicht mehr findet: der Glaube an die Person Christi ist das allein seligmachende Princip; es bedarf nicht erst der Fürsprache von guten Werken, Christus ist selbst das Evangelium, er ist das Gemeinschaftbildende und nicht eine neben der h. Schrift herlaufende Tradition. Man erinnere sich an die eben erwähnten schönen Verse II, 55. 56, an das plebi probatum III, 275 vgl. Clem. ad Corinth I, 44, 3: συνευδοχησάσης τῆς ἐκκλησίας. Cyprian. epist. 55. 67. 68. oder an I, 181—188. V, 226. Die hier enthaltene Erlösungs- resp. Versöhnungslehre ist diese. Die Liebe Gottes erläßt alle Sünden um des Glaubens an Christum willen. Weil Gott der durch die Uebertretung seiner Gebote Beleidigte ist, kann er die Sünden vergeben. Dies thut er entweder der aus Glauben entsprungenen guten Werke wegen oder aus lauter Gnade. Die Lehre von der Aneignung des Erlösungswerkes ist in der alten Kirche nicht Gegenstand des Streites gewesen, sie ist daher weniger ausgebildet als die Lehre von Gott und Christo sowohl nach der materialen als formalen Seite hin. Daher kann man aus den Stellen, an welchen ihrer gedacht wird, keinen sicheren Schluß auf die Zeit ziehen, sondern nur allgemeine Angaben gewinnen. Die in den genannten Versen enthaltene Lehre scheint doch für eine frühere Zeit zu sprechen. Beachtet man, daß dem Verfasser, wie den ältesten Vätern, das Hauptgewicht der Erlösung auf dem Sühnungstode Christi so wie auf der Besiegung des Teufels ruht, so möchte auch nach unserer Stelle die subjective Aneignung der Erlösung nur durch den Glauben an den gekreuzigten Gottessohn in Wirksamkeit der Gnade Gottes geschehen. Selbst in v. 185[1] braucht man die guten Werke nicht zu finden, denn merito kann wie an vielen Stellen auch hier gleich cum iure sein und dies dünkt mir das Wahrscheinlichere. Jedenfalls wäre doch der Erfolg derselben von dem Glauben abhängig; hier wird also nur von dem Glauben, der ohne die Werke eine $\pi i \sigma \tau \iota \varsigma$ $\nu \varepsilon \varkappa \varrho \acute{\alpha}$ ist geredet; der nächste Vers deutet aber entschieden darauf hin, daß die Lehre von den guten Werken noch nicht ausgebildet, auch noch nicht in die Praxis aufgenommen ist, durch V, 226[2] wird die Verdienstlichkeit derselben ausgeschlossen. Das führt auf eine ziemlich frühe Zeit. Nehmen wir hiermit zusammen, daß nach I, 25[3] die Zeit des Götzendienstes im Allgemeinen vorüber ist für unsern Verfasser, und daß an III, 126 in der Hervorhebung der Salbung Sauls zum ersten Könige und in dem ostendere christos vielleicht eine Hindeutung auf die Salbung der ersten christlichen Kaiser zu finden ist: so werden wir nicht zu weit gehen mit der Behauptung,

---

1) Exigit hic aliquid merito, quia credidit ante,
   Aut donat large dominus, quasi debita servis.
2) Expectatus in auxilium, spes unica vitae,
   Mundator carnis serae, mortisque fugator.
3) Talia praeterito grassatus tempore gessit.

daß unser Carmen nicht viel über die Mitte des vierten Jahrhunderts hinaus verlegt werden darf.

Wenden wir uns jetzt zu den deutlicheren Aussagen und untersuchen, welches Resultat sie uns liefern.

Daß das Gedicht auch nicht einer zu frühen Zeit, etwa dem Ende des zweiten oder dem Anfange des dritten Jahrhunderts, zugeschrieben werden darf, lehrt ein bestimmbarer terminus a quo, und damit fällt die Ansicht, daß es aus der Zeit Tertullians stamme und diesen Kirchenvater zum Verfasser habe. Den terminus a quo entlehnen wir der zweimal wiederkehrenden Formel genitum de lumine lumen (IV, 29. V, 199). Wenn auch Christus bei vornicänischen Schriftstellern lumen genannt wird, diese Formel findet sich doch erst im Symbolum Nicaenum,[1] und daher können wir mit Recht behaupten, sie sei diesem Symbol entnommen. Damit ergiebt sich als terminus a quo das Jahr 325. Daß wir diesen Terminus nicht zu spät angesetzt haben, zeigt die Stelle IV, 176. ff.[2] Nach Oehlers Interpunktion ist coniuncta v. 178 auf virga zu beziehen; und der Sinn ist dann: Wie diese Ruthe, verbunden mit dem Lebensbaume (von welchem sie nach der Ansicht des Verfassers stammt) in Kraft des h. Geistes eine Giftpflanze unschädlich macht: so hat auch die Frucht der Maria, deren Vorbild die Ruthe ist, die Kraft den Tod zu überwinden.[3] Wenn hier nun auch von keinem Marienkult die Rede ist, die Hervorhebung der Maria bleibt immerhin merkwürdig und zeigt, daß das Gedicht nicht dem dritten Jahrhundert angehören kann.

Als terminus ad quem kann das Jahr 451, das Concil zu Chalcedon, angenommen werden. Die auf demselben zum Abschluß gebrachten Lehrsätze über die beiden Naturen Christi gestatten keine

---

1) Symb. Nicaen. Deum de Deo, lumen de lumine, Deum verum de Deo vero genitum.

2)   Et virga Styracis fructus nucis attulit ipsa,
    Virginis haec species, genuit quae sanguine corpus,
    Coniuncta in ligno sedabit mortis amarum
    Interius fructum dulcem, de spiritu sancto.
    Sicut Esaias virgam de semine Jesse
    Praedixit Mariam, de qua flos exit in orbem.

3) Die von Rivinus vorgeschlagene Conjectur „coniunctum" ist bestechend und würde die Schwierigkeit lösen; doch halten wir sie sowohl wegen des „de spiritu sancto", als auch beßwegen, weil sie die in den folgenden Versen zwischen der Maria und der Ruthe gezogene Parallele verwischt, für unerlaubt.

solche Ausdrucksweise mehr, wie sie sich I, 44¹ findet, am wenigsten einem Manne, der sich in Uebereinstimmung mit der römischen Lehre weiß. Wie sich schon bei einer flüchtigen Lectüre des Gedichtes zeigt, geht der Verfasser immer von der geschichtlichen Erscheinung Christi aus und zwar ohne über sie zu speculiren; daher ist nach unserer Meinung der Sinn von v. 44: In der von der Maria gebornen geschichtlichen Person Jesus ist Gott und Mensch vermischt, wobei das miscetur ganz unbefangen gebraucht ist wie von den früheren Vätern, nicht als ob es die völlige Vermischung der beiden Naturen Christi bezeichnete, das Aufgehen beider in einem Dritten, sondern es besagt nur, daß in der Person Jesus Gott und Mensch geeint sind; wie dies geschehen, wie sich beide Naturen zu einander verhalten, darüber ist nicht reflectirt. Verhält es sich aber so, dann kann unser Carmen nicht nach dem Chalcedonense geschrieben sein. Zwar drückt sich Leo Serm. XXIII, 1 noch so aus: „sed ita ut naturae alteri altera misceretur", aber diese Rede ist jedenfalls vor dem Eutychianischen Streite geschrieben, da er von da an den Ausdruck entschieden verwirft.² Auch Cyrill, der die Einheit so scharf vertheidigte, und dem sich die römische Kirche anschloß, verwahrt sich doch energisch gegen eine Vermischung (431). Erinnern wir uns, daß schon vor Cyrill sich der Vorwurf einer Vermischung gegen die römische Kirche erhob, so können wir aus dem unbefangenen Gebrauch dieser Ausdrucksweise von Seiten unsers Verfassers sicherlich den Schluß ziehen, das Carmen muß vor 451 geschrieben sein.³ Ob sich dieser Rahmen von 125 Jahren noch verengen läßt, werden uns jetzt einige Specialuntersuchungen lehren.

Ausgehend von den Fragen, die in das Gebiet der biblischen Einleitungswissenschaften gehören, werden wir dem Jahr der Ab-

---

1) Et Deus et renovatus homo miscetur in unum. Vgl. auch V, 164.
2) Vgl. Thomasius. D. G. S. 350.
3) Während der römische Bischof Julius, von dem wir noch einen Brief haben, dessen Aechtheit ohne allen Grund bezweifelt worden ist, in diesem dem Erlöser nur eine gottmenschliche Natur beilegt (Dionysio episcopo Corinthio exponit: unam esse Christi naturam, quique cum Paulianistis discernunt duas, eos in errore versari. Constant. append. 62. 69. Mansi II, 1191. Vgl. Nitzsch. D. G. 1870. I. S. 315), reden dagegen Ambrosius und Augustinus von zwei Naturen und bezeichnen Christus als wahren Gott und wahren Menschen aber freilich in einer Person. Ambr. De incarnationis dom. sacramento c. 3. Aug. ep. 137 §. 9. De civitate Dei X, 29. Daraus erhellt, daß der terminus ad quem eher zu spät als zu früh angesetzt wurde.

faffung bedeutend näher kommen. Die Erledigung zweier Punkte, die Untersuchung einmal über die Anerkennung des paulinischen Ursprungs des Briefes an die Hebräer in der römischen Kirche und zweitens über die Fixirung des alttestamentlichen Kanon werden sichere Leiter sein. Fangen wir mit dem letzteren, weil einfacherem Punkte an. In IV, 198. 199[1] sagt der Verfasser, es sei sicher genug, daß 24 Bücher den alttestamentlichen Kanon ausmachten. Josephus, die hellenistischen Juden und die alte Kirche zählten 22 Schriften, indem Ruth zu den Richtern und die Klagelieder zu den Weissagungen geschlagen wurden vgl. Euseb. hist. eccl. VII, 25: εἰσὶ δὲ εἴκοσι δύο βιβλία καθ' Ἑβραίους. Aber wie schon der Talmud nach der ursprünglichen Ordnung und Eintheilung 24 Bücher hatte, so findet sich auch diese Zahl bei einigen christlichen Autoren. Ob nun unser Verfasser so wie Hilarius[2] oder so wie Hieronymus[3] berichtet gezählt hat, läßt sich nicht ermitteln. Jedenfalls hat er in einer Zeit geschrieben, in welcher die Apokryphen nicht nur nicht im Kanon standen, sondern auch eines sehr geringen Ansehens sich erfreuten; denn es wäre doch auffällig, daß ein Mann, welcher sich nicht scheut, sich auf das vierte Esrabuch und auf den Pastor Hermas zu berufen, derselben gar nicht gedacht hätte, wenn sie in Achtung und Gebrauch gewesen wären, zumal da er alle alttestamentlichen Schriftsteller herbeizieht. Verhält es sich so, dann werden wir auf die Zeit 360—393

---

1)   Alarum numerus antiqua volumina signat
       Esse satis certa viginti quatuor ista.
2) Hilarius sagt in seiner Vorrede zu den Psalm. p. 8: Et ea causa est, ut in viginti duos libros Cd. Test. Vet. deputetur, ut cum literarum numero convenirent. Qui ita secundum traditiones veterum deputantur: ut Mosis sint libri quinque. Jesu Nave VI. Judicum et Ruth VII. prim. et secund. regnorum in VIII. tertium et quart. in IX. Paralipom. duo in X. sint; Sermones dierum Esdrae in XI. liber Psalmorum in XII. Salomonis proverbia, Ecclesiast. Canticum Cantic. in XIII et XIV et XV. Duodecim autem Prophetae in XVI. Jesaias deinde et Jeremias cum lamentationibus et epistola et Daniel et Ezech. et Iob et Hester XXII librorum numerum consument. Quibusdam autem visum est, additis Tobia et Judith XXIV libros connumerare . . . .
3) Anders bei Hieronymus. Vgl. prol. galeat.: Atque ita fiunt pariter veteris legis libri XXII i. e. Mosis V. et Prophetarum VIII. Hagiographorum IX. Quamquam nonnulli Ruth et Kinoth inter Hagiographa scriptitent et hos libros in suo putent numero supputandos ac per hoc priscae legis libros XXIV, quos etc. Igitur Sapientia, quae vulgo Salomonis inscribitur, et Jesu filii Sirach liber et Judith et Tobias et Pastor non sunt in Canone.

geführt. Vor 360 waren die Apokryphen angesehen und häufig zum Kanon gerechnet, durch die in diesem Jahre gehaltene Synode zu Laodicea wurden sie ausgeschlossen. Vgl. Mansi II, 574. can. 59. 60.; während sie durch die Synoden zu Hippo und Carthago wieder Bürgerrecht erhielten.[1]

Noch mehr wird die Zeit durch die Stellung des Verfassers zum Hebräerbrief eingeschränkt. Daß er diesen Brief nicht nur kennt, sondern auch als allgemein bekannt voraussetzt, ist deutlich aus dem Gedicht ersichtlich. Eine der in den Versen IV, 66 ff. gegebenen Schilderung entsprechende Opferhandlung findet sich im alten Testamente nicht; nur die einzelnen Momente derselben trifft man hier und dort zerstreut an. Wenn man nun zu 68—70 Hebr. 9, 14—21, zu v. 87 Herbr. 13, 12. 13, zu v. 94 Hebr. 9, 12[2] vergleicht und beachtet, daß der Verfasser öfter Christus den Hohenpriester nennt und sein Erlösungswerk als die Function desselben darstellt, welche Bezeichnung und Anschauung aus dem Hebräerbriefe stammt: so wird man zugestehen müssen, daß er bei seinen Lesern eine Bekanntschaft mit dem Briefe voraussetzt. Das Gleiche erhärtet auch aus folgender Betrachtung. Die IV, 109—125 enthaltene Beschreibung des Tempels ist diese:

I. Das Allerheiligste enthält 1) den goldenen Altar, 2) die Lade des Testamentes und der Gesetzestafeln. Sie bestand aus Holz, war innen vergoldet, außen mit himmelblauen Fellen bedeckt; in ihr befanden sich a) die Gesetzestafeln, b) der goldene Mannakrug, c) die Ruthe Aarons; über derselben befanden sich vier Cherubim, welche die Gesetze beschatteten.

II. Das Heilige stand offen und enthielt 1) den ehernen Altar, 2) den siebenarmigen Leuchter.

Zum Vergleiche mögen die Beschreibungen des Tempels, wie sie uns sonst überliefert sind, beigefügt werden.

---

1) Vgl. Mansi II, 891. conc. Carth. III. c. 47. Ibid. II, 924. canon. 36 conc. Hipp.: ut praeter scripturas canonicas nihil in ecclesia legatur sub nomine divinarum scripturarum. Sunt autem canonicae scriptae: Gen. Exod. Levit. Numer. Deuteron. Jesus Nave. Judicum. Ruth. Regnorum libri quatuor. Paralipom. libri duo. Job. Psalt. Salomonis libri V. Duodecim libri prophetarum. Esaias. Jeremias. Daniel. Ezech. Tobias. Judith. Hester. Hesdrae libri duo. Maccabaeorum libri duo.

2) Vgl. Die auffallende Aehnlichkeit zwischen III, 15 ꝛc. ꝛc. und Hebr. 11. III, 49 ꝛc. Uebersetzung von Hebr. 11, 25. 26.

I. Das Allerheiligste des herodianischen Tempels stand ganz leer und war durch ein *καταπέτασμα* verschlossen.[1]

II. Das Heilige stand offen und enthielt: 1) den siebenarmigen Leuchter, 2) den goldenen Schaubrodtisch, 3) den goldenen Räucheraltar.

Die innere Ausrüstung des salomonischen Tempels ist nach den dunklen und von einander abweichenden Berichten 1 Kön. 6. 7. 2 Kron. 3. 4 nicht genau zu beschreiben. Im Allgemeinen ergiebt sich folgendes:

I. Das Allerheiligste enthält die Bundeslade mit 2 Cherubim.[2]

II. Im Heiligen befinden sich: 1) der goldene Altar, 2) 10 Schaubrodtische, 3) die Leuchter.

Endlich nach Hebr. 9 sah man im Allerheiligsten 1) den goldenen Rauchaltar, 2) die innen und außen vergoldete Bundeslade, welche den goldenen Mannakrug, die Gesetze, die grünende Ruthe Aarons enthielt und von Cherubim beschattet wurde. Im Heiligen befanden sich der Leuchter und Schaubrodtisch.

Vergleicht man diese verschiedenen Beschreibungen mit einander, so kann es nicht zweifelhaft sein, daß der Verfasser den Hebräerbrief vor Augen gehabt hat. Nun ist es sehr auffällig, daß er, während er sich sonst mit Vorliebe auf Paulus den Marcioniten gegenüber beruft, dies bei dem was er dem Hebräerbrief entnimmt unterläßt, obwohl er gerade durch Berufung auf den Brief als paulinisch den schlagendsten Beweis hätte liefern können, daß Paulus das alte Testament als ein Vorbild und eine Weissagung auf das neue, so wie eine allegorische Auslegung anerkannte. Dies setzt voraus, daß der Brief noch nicht für paulinisch in der abendländischen Kirche gehalten wurde. Wann konnte sich nun der Verfasser noch in einer solchen Weise auf den Hebräerbrief berufen? Auf dem Concil zu Hippo im Jahre 393 wurde der Brief als paulinisch recipirt[3] haupt-

---

[1] Joseph. bell. Jud. 5, 5, 5: *ἔκειτο οὐδὲν ὅλως ἐν αὐτῷ*. Nach Mischna Joma 5, 2 befand sich an der Stelle der Bundeslade ein Stein, drei Zoll hoch, auf dem früher die Bundeslade gestanden haben soll. Vgl. Carpzov. appar. p. 258 seq.

[2] Daß noch andere Gegenstände in ihr aufbewahrt wurden, ist im alten Testamente nicht gesagt.

[1] Vgl. Mansi III, 924: Novi autem testamenti: evangeliorum libri quatuor, actus apostolorum liber unus. Pauli apostoli epistolae tredecim eiusdem ad Hebraeos una etc. Vgl. Credner, Geschichte des Kanon S. 277.

sächlich auf Veranlassung des Augustinus, der sich De pecc. merit. dahin ausspricht: me movet auctoritas ecclesiarum orientalium, quae hanc quoque in canonicis habent. Daß der Brief erst 393 in den Kanon aufgenommen wurde, schließt nicht aus, daß er auch im Abendlande schon früher für paulinisch gehalten wurde; die Synode entscheidet nur endgültig über den Verfasser. Erhebt sich auch von verschiedenen Seiten Widerspruch gegen den paulinischen Ursprung,[1] so fehlt es auch nicht an bedeutenden Männern, welche sich desselben annehmen z. B. die Anhänger des Athanasius im Streit gegen den Arianismus, Hilarius v. Poitiers de trinit. 4, 11. Lucifer v. Cagliari und Ambrosius. Daher bleibt es doch immerhin bedeutsam, daß unser Verfasser gerade dort, wo er den Paulus als den sichersten Zeugen für seine Sache hätte anführen können, desselben gar nicht gedenkt, und es dürfte der Schluß nicht zu kühn sein, daß er noch vor dem Tode des Athanasius (373) schrieb, in einer Zeit, in welcher der Brief entschieden für nicht paulinisch gehalten wurde, denn gegen das Lebensende des Athanasius galt derselbe schon für apostolisch. So hätten wir bis jetzt etwa die Jahre 360—373 als Entstehungszeit unseres carmen gefunden.

Auf dieselbe Zeit werden wir durch die anthropologischen Andeutungen geführt. Aus den Versen 48. 49 des vierten Buches, in denen der Verfasser den Einwand der Gegner als habe Gott ungerecht gehandelt, indem er durch die Sindfluth und das Gericht über Sodom mit den Eltern zugleich die unmündigen Kinder vertilgte, zurückweist, ersieht man, daß er von der Erbsünde im strengen Sinne des Worts noch keinen klaren Begriff gehabt hat. Mögen auch diese Worte die Ansicht der Gegner referiren, soviel erhellt doch, daß der Verfasser deren Prämissen annimmt, daß er ihre Meinung über die Sünde der Kinder getheilt hat. Statt zu erwidern: Die Kinder sind schon mit Sünden geboren und deßhalb dem Tode verfallen, es ist nur Gnade, wenn Gott sie am Leben läßt, entgegnet er: Es sei kein Act der Grausamkeit, wenn Gott damals die unschuldigen Kinder tödtete, sondern vielmehr der Gnade, habe er sie doch durch den

---

[1] Zur Zeit des Eusebius fanden sich noch Zweifel. hist. eccl. 3, 3 erklärt er, der Widerspruch, den der Brief bei einigen in der griechischen Kirche finde, gehe von seiner Verwerfung im Abendlande aus: ὅτι γε μήν τινές ἠϑετήκασι τὴν πρὸς Ἑβραίους πρὸς τῆς Ῥωμαίων ἐκκλησίας ὡς μὴ Παύλου οὖσαν αὐτὴν ἀντιλέγεσϑαι φήσαντες, οὐ δίκαιον ἀγνοεῖν. Vgl. Hieronym. De viris illustr. c. 59.

frühzeitigen Tod vor eigener Sünde bewahrt. Nicht durch Geburt sind die Menschen böse und mithin des Todes schuldig; um nun das fortwährende Böse in der Welt erklären zu können, bedarf der Verfasser zweier coordinirter Ursachen. Der Sinn von v. I, 26—27 ist der: Die Depravation auf religiös-sittlichem Gebiete ging vor sich, ohne daß der Mensch die Schuld von sich auf den Teufel hätte schieben können, denn er vollzog alle seine schlechten Handlungen mit vollkommener Freiheit, der Teufel war nur ein stetiger Versucher zum Bösen, der Mensch der freie, durch nichts determinirte Ausführer desselben. Trotzdem der erste Mensch den Versuchungen erlag, brauchten die folgenden Geschlechter nicht böse zu handeln, sie befanden sich gleichsam in dem Falle Adams; ihr stets freier Wille auf der einen Seite und die Versuchungen des Satans auf der andern (vgl. v. 30.) brachten das Böse zu Stande, doch ohne daß sie zu entschuldigen wären (non quia culparent). Diese Ansicht kommt der früherer Kirchenväter ziemlich gleich, vgl. Tert. adv. Marc. II, 8. 6. 9. Herm. mand. 7. 12. Tatian. c. 16. Iren. II, 32. 4. Orig. contr. Cels. I, 6. VIII, 36. Obwohl Tertullian von einem vitium originis redet, ist er doch weit entfernt, die Erbsünde den Kindern als wirkliche Sünde zuzurechnen, vgl. de Bapt. 18. Neander: Antignost. S. 209 ff. 455 ff. Auch Cyprian weiß von keiner absoluten Erbsünde, er erkennt ein angebornes Verderben an, aber nur als ein Frembes, nicht eigenes, welches die Freiheit nicht aufhebt vgl. ep. 64 (Rettberg S. 317 ff.) ep. 59: De gratia Dei ad Donatum c. 2. Soweit wie unser Verfasser gehen sie freilich nicht, zu ihrer Zeit hat auch die Kirche einer solchen Lehre nicht gehuldigt. Wenn nun schon des Verfassers Ansicht nicht mit der eines Hilarius[1] und eines Ambrosius[2] zusammenstimmt, so ist leichter noch zu ersehen, wie weit sie sich von der Lehre des Augustin entfernt; sie erklärt sich daher weder aus einer Zeit, in welcher die Streitigkeiten über die Erbsünde schon ausgebrochen waren, noch aus einer ganz frühen Periode, in der eine solche Lehre der römischen Kirche (als deren

---

[1] Hilarius († 368) Tract. in Ps. 58. 118. lit. 22, 6 p. 366; in Matth. 18 § 6. In unius Adae errore omne hominum genus aberravit. Vgl. Neander, D. G. S. 357.

[2] Ambrosius († 396) apol. David. c. 11. (Opp. I. p. 846) Antequam nascamur, maculamur contagio, et ante usuram lucis, originis ipsius excipimus in curiam, in iniquitate concipimur: non expressit, utrum parentum, an nostra etc. De poenit. I, 3. (Opp. III p. 498).

Glied und Anwalt der Verfasser ja schreibt) noch ganz fremd war, wohl aber aus der nächsten Zeit vor den Streitigkeiten über das liberum arbitrium.

Dies bestätigt sich durch die Untersuchungen über die christologischen Anschauungen des Verfassers. Seine Christologie ist eine einfache und wenig ausgebildete. Während er auf der einen Seite die wahre Gottheit und wahre Menschheit Christi festhält, fehlt ihm auf der andern jede Klarheit über das Verhältniß der beiden Naturen zu einander; ebenso wenig hat er einen klaren Begriff von dem Wesen jeder einzelnen. Ohne Speculation geht er aus von der geschichtlichen Person Jesus, festhaltend an dem Glaubenssatze, daß in dieser der wahre Gott und wahre Mensch geeint sind. Aber während er Christus einerseits einfach Deus nennt z. B. III, 225 ecce Deus Christus, V, 198: hic Deus hic et homo verus, sich die Maria nach I, 44, 45 zu urtheilen als θεοτόκος denkt, kommt andererseits, obwohl er Ausdrücke wie verus homo, renovatus homo liebt, die Menschheit zu kurz. Der I, 98 anhebende Beweis der wahren Menschheit Christi stützt sich auf den Eindruck der äußeren Erscheinung desselben; es wird nur bewiesen, daß er einen Leib und körperliche Bedürfnisse hatte; auf die menschliche Natur ihrem inneren Wesen nach wird gar keine Rücksicht genommen. Zwar kam es dem Verfasser besonders darauf an die Wirklichkeit des Leibes Christi dem Doketismus des Gnosticismus gegenüber zu beweisen; aber wenn man auf den folgenden Vers sieht, so wird es doch wahrscheinlich, daß der Dichter sich die menschliche Natur Christi nicht anders als im bloßen Körper bestehend gedacht oder wenigstens eine ganz naive Ansicht von derselben gehegt hat. Bestätigt wird unsere Behauptung durch II, 116, an welcher Stelle er von Christus sagt: corpore homo. Vgl. damit Tertull. de resurrect. carnis 53: ideo homo, quia caro, non quia anima. Wenn nun ferner der Verfasser IV, 177 von der Maria aussagt: genuit quae sanguine corpus und V, 172 von dem sterbenden Christus Expirante Deo tacite de corpore carnis,[1] wenn man hinzunimmt, daß das handelnde Subject in der Person Jesus das verbum Dei ist, welches sich mit menschlichen Gliedern bekleidet (V, 229: humanis

---

[1] Vgl. Tert. adv. Marc. IV, 42: Hoc dicto expiravit. Quis? spiritus semetipsum, an caro spiritum? Sed spiritus semetipsum expirare non potuit etc. Apolog. 21: Spiritum cum verbo sponte dimisit.

sese vestivit et artubus ille), diesen angenommenen Leib dann freiwillig am Kreuze läßt, in die Unterwelt steigt und den verklärten Körper wieder zurückerhält (II, 175 vgl. V, 139) und wenn man sich endlich vergegenwärtigt, daß auf die menschliche Seele in Christo nie Gewicht gelegt wird, ja nach Stellen wie der unsrigen, ihm eine solche nicht zugesprochen zu werden scheint: so wird man seine christologische Anschauung nach dieser Seite hin so fixiren können: Jesus war sowohl wahrer Mensch als auch wahrer Gott, seine Menschheit bestand aber nur in einem angenommenen Leibe, indem das verbum Dei als beseelendes Princip weilte. Für die Richtigkeit dieser Behauptung können wir uns auch noch auf I, 100 berufen: Omnia sunt hominis, quae sancto in corpore versans perfecit.[1] Wie wenig ausgebildet diese Christologie auch erscheint, wie viel Aehnlichkeit sie auch mit dem Arianismus und Apollinarismus haben mag, für einen Anhänger dieser Lehren dürfen wir unsern Verfasser nicht erklären, er steht auf dem Boden des nicänischen Symbolums: Christus ist wahrhaftiger Gott, Gotte wesensgleich (lumen de lumine) gleich ewig (cum patre semper erat. vgl. Origen. οὐκ ἦν ὅτε οὐκ ἦν, dagegen Arius ἦν ποτε ὅτε οὐκ ἦν), eins mit ihm an Macht und Ewigkeit (unitus gloria et aevo), er war vor der Schöpfung bei Gott und durch ihn hat Gott Alles geschaffen (per quem cuncta creavit); aber dennoch ist er Gott untergeordnet, hat an Gott sein materiales, nicht zeitliches prius, er ist der Sohn und minister Gottes, hat von Gott sein genus, nomen et regnum, er ist der fluvius de fonte perenni. In dieser Christologie erkennt man ohne Mühe die des nicänischen Symbols wieder, welches zwar von Anfang an in Rom feste Wurzel geschlagen hatte, aber auch im Abendlande durch Kaiser Constantius mit Gewalt unterdrückt wurde, indem sogar der römische Bischof Liberius, der alte Hosius v. Cordova, Hilarius v. Poitiers abgesetzt und verbannt wurden, sodaß auch hier vom Jahre 353—357 das Bekenntniß der Aehnlichkeit als allgemeine Kirchenlehre durchdrang. Als terminus a quo gewinnen wir daher durch diese Betrachtung entweder das Jahr 325 oder 357; denn nach diesem kam das Nicaenum wieder zur Geltung.

Genauer läßt sich auf Grund der christologischen Ansicht des Dichters der terminus ad quem bestimmen. Zweimal wird Christus in dem Gedichte minister genannt, eine auffällige Bezeichnung,

---

1) Vgl. S. 4.

welche sich in späterer Zeit nicht mehr findet. Wenn nun anders die Elogie: De cognomentis Salvatoris wirklich dem Damasus angehört, was zu bezweifeln wir uns nicht berechtigt sehen, so liegt, da das minister in derselben nicht mehr vorkommt,[1] die Vermuthung nahe, daß unser Carmen vor der Zeit des Damasus geschrieben ist. Dies bestätigt sich von anderer Seite her. Sowohl was der Verfasser I, 100 von dem Verhältniß der beiden Naturen zu einander sagt als auch seine Ansicht von der Menschheit Christi führt auf die Zeit vor der römischen Synode 376, auf welcher diejenigen von dem Papste Damasus verworfen wurden, „qui pro hominis anima rationabili et intelligibili dicunt Verbum Dei in humana carne versatum", und ferner der apollinarische Hauptsatz verurtheilt wurde: „Dominum ac servatorem nostrum ex Maria virgine imperfectum, i. e. sine sensu hominem suscepisse". Wir haben demnach durch diese Untersuchungen für die Abfassungszeit den Raum von 325 (357) — 376 gewonnen. Schon aus dem Früheren werden wir uns lieber für das Jahr 357 als terminus a quo entscheiden, vollends aber durch folgende Erwägung. Zu verschiedenen Malen kommt der Verfasser auf den descensus Christi ad inferos zu sprechen. Das hätte weiter nichts Auffälliges, da auch frühere christliche Schriftsteller, besonders die Apologeten denselben lehren;[2] es mußte auch der Verfasser wegen der eigenthümlichen Ansicht der Marcioniten von dem descensus, daß nämlich Christus nicht die Patriarchen, sondern die vom Demiurgen Verdammten herausgeführt habe (vgl. Iren. I, 27. p. 106. Neander, D. G. S. 222) desselben Erwähnung thun, um die richtige Lehre in's Licht zu stellen; bedeutsam bleibt es aber immer, daß er im Zusammen-

---

1) Spes, via, vita, salus, ratio, sapientia, lumen,
   Judex, porta, gigas, rex, gemma, propheta, sacerdos,
   Messias, Zebaoth, Rabbi, sponsus, mediator,
   Virga, columna, manus, petra, filius, Emanuelque,
   Vinea, pastor, ovis, pax, radix, vitis, oliva,
   Fons, paries, agnus, vitulus, les, propiciator
   Verbum, homo, rete, lapis, domus, omnia Christus Jesus.
2) Vgl. Euseb. I, 13: Die Rede des Thabbäus: κατέβη εἰς τὸν ᾅδην καὶ διέσχισε φραγμὸν τὸν ἐξ αἰῶνος μὴ σχισθέντα καὶ ἀνέστη καὶ συνήγειρε νεκροὺς τοὺς ἀπ' αἰώνων κεκοιμημένους καὶ πῶς κατέβη μόνος ἀνέβη δὲ μετὰ πολλοῦ ὄχλου πρὸς τὸν πατέρα αὐτοῦ. Just. M. dial. c. Tr. § 72. Iren. IV, 27. (45) p. 264 (397) V, 31. p. 331. Tert. de anima 7. 55. Clem. Strom. VI, 6. II, 9. Orig. contr. Celsum. II, 43. (Opp. I p. 419).

hange mit dem Glaubensbekenntniß und zwar an derselben Stelle, an welcher er im Bekenntniß steht, vgl. V, 226—253 denselben berührt. Daher dürfte der Schluß nicht zu gewagt sein, daß zur Zeit der Abfassung dieser Passus schon in's Bekenntniß aufgenommen war; dies geschah 359. Vergleichen wir jetzt die verschieden gefundenen Zeiträume und ziehen aus der Vergleichung einen erlaubten Schluß: so gewinnen wir als Resultat das Decennium 360—370 als Entstehungszeit des Gedichtes.

Es erübrigt noch die Besprechung eines Punktes, der, wenn uns nicht Alles trügt, mit ziemlicher Sicherheit ein bestimmtes Jahr liefert.

An der Stelle II, 186—188:

> Veritas ipsa suis exemplis usa refulget
> Nec cupit ex alieno acres ostendere gressus,
> Pauperis hoc opus est, propriae virtutis egeni etc.

ist unseres Erachtens eine Anspielung auf das berühmte julianische Edict[1] enthalten, welches dahin zielte, den Christen auch die geistige Macht zu entreißen; es sollte kein Christ in Rhetorik und Grammatik unterrichten, d. h. überhaupt kein Lehramt außer seiner Kirche bekleiden dürfen. Julianus glaubte nämlich entdeckt zu haben, daß die Christen Alles, was zur eigentlichen menschlichen Bildung gehöre, aus dem Alterthum besonders dem griechischen schöpften und meinte nun dadurch, daß er ihnen diese Quelle verstopfte, das Christenthum in einer Gestalt herstellen zu können, in welcher es für niemanden etwas Einladendes hätte. Gegen dieses Edict meinen wir nun, richten sich jene Worte veritas ipsa non cupit ex alieno ostendere etc. unverkennbar. Da das Edict im Jahre 362 erlassen wurde, Julian aber nur bis 363 regierte, da ferner später, weil das Gesetz mit dem nächsten Kaiser hinfällig wurde, eine solche Polemik nicht wohl berechtigt war: sind wir der Ansicht, daß das Jahr 362 oder 363 als Zeit der Entstehung unsers Gedichtes angenommen werden könne. Für diese Jahre würde auch passen, was der Dichter in den zwar ganz allgemeinen Versen I, 136—138 von den Heiden sagt. Durch Julian war nicht bloß für das römische Reich das alte Heidenthum als Staatsreligion sanctionirt, sondern er hatte auch der schon fast erstorbenen heidnischen Religion neues Leben

---

1) Vgl. Gregor v. Naz. Or. III, p. 51 B. 97 D. W. S. Teuffel, Studien und Charakteristiken zur griech. u. röm. sowie zur deutschen Literaturgesch. unter Julian.

einzuhauchen versucht, indem er nach christlichem Muster den heidnischen Gottesdienst einrichtete und mit neuplatonischer Predigt schmückte. Unter solchen Verhältnissen verlieren vielleicht die Worte:

> Quem (sc. deum) stultae quamvis gentes errore copertae
> Florentes opibus alieno nomine laudent

ihre Allgemeinheit und gewinnen eine Beziehung auf die julianische Reaction (man beachte das Präsens im Vergleich mit dem „praeterito" I, 25); aus ihnen begreift sich auch, daß dem Verfasser die Ansicht entstehen konnte, die Tage der Kirche seien gezählt. Es ist ja eine bekannte Thatsache, daß solche Befürchtungen sich besonders bei ernsteren Gemüthern einstellten. Daß wenig nach der Zeit Julian's bei dem Wanken der Verhältnisse und dem immer gewaltigeren Eindringen fremder Horden in's Reich berlei Gedanken fast allgemein auftauchten und die christlichen Herzen erschütterten ist bekannt.[1] Ebensosehr wie die Völkerwanderung mit ihrem Schrecken, waren sicherlich die politisch erregten Zeiten, der rasche Wechsel der Kaiser, die blutigen Bürgerkriege, die Bedrückungen des Constantius und das Edict des Julianus geeignet, den Glauben an die letzten Tage der Kirche wach zu rufen; daß auch unser Verfasser denselben besessen, meinen wir sowohl aus I, 105. 106:

> Et nunc errantes manifesto in limine mortis
> Ignotum Dominum quaerunt, notumque relinquunt.

als auch besonders aus I, 176. 177 schließen zu dürfen. Denn wenn auch die erste Stelle vielleicht vom ethischen Tode verstanden werden könnte, was uns wenigstens ferner zu liegen scheint, so enthält die letztere, wenn man sich überhaupt bei „Dum spatium datur" etwas denken soll, zweifellos eine Hindeutung auf das als nahe erwartete Weltende. —

4. Der Verfasser.

Nach dem Vorhergehenden haben wir den Verfasser um 363 in Rom zu suchen. Er tritt uns als ein Mann tief christlichen Ernstes entgegen; treu dem nicänischen Bekenntniß ist seine Theologie von einem wahrhaft evangelischen Geiste durchdrungen.[2] Als

---

[1] Hieronym. Ep. 60. ad Heliod. 16: Horret animus temporum nostrorum ruinas persequi ... Romanus orbis ruit, et tamen cervix nostra erecta non flectitur.

[2] Vgl. auch über das kirchliche Bewußtsein des Verfassers die Stelle III, 236 ff. u. 243 ff.

Schriftsteller offenbart er, obwohl von den Mängeln seiner Zeit, rhetorischer Uebertreibung und Breite nicht frei, eine ziemliche Gewandtheit in der Handhabung der Sprache, hält sich im Großen und Ganzen eng an die Sache, zeigt sich seines Gegenstandes mächtig und löst auch, soweit es in einem im Verhältniß zu dem Stoffe immerhin kurzen Gedichte möglich ist, seine Aufgabe, die Irrlehren der Marcioniten aufzudecken und zu widerlegen; als Dichter freilich keine hervorragende Größe ist er jedoch nicht aller poetischen Begabung baar. Wer ist nun dieser Mann? Fabricius, dem ältere Gelehrte: Pamelius, Franciscus Junius Biturix, Barthius, Delrius, Rivinus; und neuere: Ang. Mai, Auct. class. Rom. 1833. T. V. p. 382. Anmerk., Hefele Proleg. zum Pastor Hermas, ohne allen Grund gefolgt sind, sah in ihm den Kirchenvater Tertullian. Diese Hypothese, welche vielleicht nur aus der Beobachtung, daß das gleichnamige Werk dieses berühmten Apologeten auch in fünf Bücher getheilt ist oder aus dem frommen Wunsche, das Gedicht durch Zurückführung auf Tertullian angesehener und glaubwürdiger zu machen, entstanden ist, wird durch die Untersuchungen über die Abfassungszeit vollkommen hinfällig. Nicht besser ergeht es der unten angeführten Vermuthung Oehlers,[1] wie sie sich denn auch nicht auf innere Gründe, sondern lediglich auf die Combination zweier nur leichtgläubig angenommener, nicht sorgfältig untersuchter Aussagen stützt. Da Victorinus Massiliensis im fünften Jahrhundert und auch nicht in Rom lebte, kann er der Verfasser unsers Gedichtes nicht gewesen sein. Jene beiden Angaben zwingen uns nicht, dem Schlusse Oehlers beizustimmen. In den Worten des Inc. Auct.[2]

---

1) ‚Opusculi auctorem Gallicae prosapiae hominem fuisse suspicor, Victorinum Massiliensem rhetorem, nisi omnia me fallunt. Et sane incertus auctor de XII Script. Eccl. (in Fabricii Bibl. Eccl. p. 69) cap. 7 commemorat Victorinum aliquem episcopum qui versibus scripserit unum opusculum adv. Manichaeos et alterum adversus Marcionistas. Quod opusculum puto esse ipsa haec adv. Marcionem carmina... Exstat et gravius suspicionis eius argumentum. Ang. Maius in Auct. Class. tom. V. p. 382 edidit Victorini de Nativitate, Passione et resurrectione Domini carmen, cuius carminis versus 21—23. 95—96. 99 100 leguntur in hoc adv. Marcionem carmine I, 44—46. V, 244—245. 252 —253‘. Tertull. Opp. T. II. p. 782.

2) Victorinus episcopus composuit et ipse versibus duo opuscula admodum brevia, unum adversus Manichaeos, reprobantes Veteris Testamenti Deum veramque Christi incarnationem contradicentes: alium (!) autem adversus Marcionistas, qui duo principia, i. e. duos Deos fingunt, unum malum,

an und für sich liegt nur, daß irgend ein Bischof Victorinus ein Gedicht gegen die Marcioniten geschrieben habe; welcher Victorinus aber von den fünf Autoren dieses Namens es war ist nicht gesagt. Das „gravius argumentum" beweist aber nicht für, sondern gegen den Massiliensis. Das von Oehler erwähnte Gedicht ist zwar von Ang. Mai, der es auffand und edirte, dem Victorinus Massiliensis zugeschrieben;[1] doch müssen wir diese Autorschaft bezweifeln. Ang. Mai vermuthet auch nur, daß es von jenem Rhetor sei und bekräftigt seine Behauptung durch keinerlei Beweis; uns scheint Folgendes gegen jenen Victorinus zu sprechen. Die in den ersten 18 Versen des genannten Gedichtes enthaltene Erzählung von der Geburt der Maria, ihrer Jugend, ihrer Verlobung mit Joseph und ihrer Empfängniß erinnert durch Anordnung und Inhalt so sehr an die apokryphischen Evangelien, daß man deren Bekanntschaft und Gebrauch im Abendlande voraussetzen muß. Da nun diese Evangelien im vierten Jahrhundert und in der ersten Hälfte des fünften im Abendlande entschieden verworfen wurden,[2] Victorinus Mass. aber um 440 lebte, so kann er jenes Gedicht, welches, um nach seinen übrigen Schriften zu urtheilen, seiner auch ganz unwürdig wäre, schwerlich verfaßt haben, sondern wir meinen es in eine weit spätere Zeit verlegen zu müssen. Beide Gedichte können also nicht von einem Verfasser herrühren, wie Oehler daraus schließen will, daß sich 7 (!) gleiche Verse in beiden fänden. Die Aehnlichkeit beider Gedichte erstreckt sich nur auf die Verse 19—100, nicht auf die 18 Verse, welche apokryphischen Inhalts sind. In den Versen 19—100 ist eine entschiedene Abhängigkeit von unserem Carmen bemerklich; nicht bloß sieben Verse wie Oehler angiebt, sondern achtzehn sind wörtlich gleich, und die ganze Exposition ist überhaupt ähnlich durchgeführt.

---

iustum creaturarum conditorem et restitutorem factorum; alterum bonum, animarum susceptorem et indultorem criminum.

1) Tres sunt Victorini, quorum carmina sacra leguntur, Petavionensis saeculi tertii; Afer saeculi quarti; Massiliensis saeculi quinti. Postremum hunc existimo auctorem carminis nondum, ut puto, editi, quod in vaticano pervetusto codice saeculi ferme decimi mihi se obtulit, tot tamen mendis et corruptelis a librarii barbarie pessumdatum, ut nisi post adhibitam a me medicam manum prorsus edi non posset. Postremo moneo aliquot huius carminis versus a Victorino desumptos fuisse ex Tertulliani adv. Marcionem libris, quam ego rem christianos poëtas lectitans comperi.

2) Vgl. Thilo, Codex Apocryphus Novi Testamenti. Leipz. 1832. Proleg. § 6. p. XCI.

Die v. I, 44—46 sind wörtlich bei Victorinus aber in der Folge 45. 44. 46, vgl. 21—23. Außerdem ähnelt I, 47—55 sehr den Versen 25—39 bei Vict.; nun schließt sich bei beiden eine Geschichte vom Teufel an, bei Vict. die Versuchungsgeschichte, bei unserm Verfasser die Geschichte, wie der Satan die Häretiker schickt. Vict. 56. 57 wörtl. mit I, 66. 67. 62 mit I, 62. 65 mit der ersten Hälfte von I, 50. 64 mit I, 51. 59 mit III, 226. 60=III, 229. 61=III, 231. 19=II, 150. Der Satan als refuga bezeichnet in 43 und II, 168. Zu v. 89 vgl. V, 173. 91=II, 172. 95=V, 244. 96=V, 247. 97=II, 175. 98=II, 176. 99. 100=V, 252. 253. Hiernach wird man wohl das kleinere Gedicht mit Recht für einen Cento aus dem größeren halten dürfen, der, wie die ersten Verse zeigen, in viel späterer Zeit zusammengeschrieben ist. Ob dies nun von einem uns unbekannten Victorinus geschehen ist, oder ob die Hypothese glücklicher ist: Der von einem obscuren, unbekannten Autor verfaßte Cento wurde wegen der Aehnlichkeit mit dem größeren Gedichte dem Verfasser desselben beigelegt und deutet somit darauf hin, daß unser Carmen von einem Victorinus geschrieben ist, bedarf erst noch einer genaueren Untersuchung. Obwohl für uns letztere Hypothese große Wahrscheinlichkeit hat: so dürfen wir ihr doch keine beweisende Kraft zuschreiben; andererseits steht aber auch so viel fest, daß man jenen Cento nicht in der Weise ausnützen darf, wie es von Oehler geschehen ist.

Unsere Ansicht in Betreff des Verfassers geht nun dahin, daß das Carmen von einem Victorinus und zwar dem Victorinus Afer gedichtet ist; und wir wollen nun den Beweis liefern, daß Alles, was wir von unserm Verfasser ausgesagt haben, in der That von dem Victorinus Afer behauptet werden könne.

Daß jener Inc. Auct. schreibt: „Victorinus episcopus composuit versibus opusculum adv. Marcionistas", während doch unser Gedicht „adv. Marcionem" betitelt und andererseits Victorinus Afer nicht episcopus gewesen sei, sondern rhetor, kann für uns kein Hinderungsgrund sein, ihn für den Verfasser zu halten, da wir uns überzeugt haben, daß der Titel des Gedichtes richtiger „adversus Marcionitas" lauten müßte, und ferner Victorinus Afer auch sonst episcopus genannt wird, so sagt Cassiodor von ihm De iustitia divina: Victorinus ex rhetore episcopus factus est. Nach der Meinung jenes unbekannten Gewährsmannes sind beide Schriften, die gegen die Marcioniten sowohl als auch die gegen die Manichäer von einem Verfasser; nun ist aber von Victorinus Afer eine Schrift gegen die Manichäer bekannt „Ad Justinum Manichaeum contra duo principia Manichaeorum", folglich kann unser Gewährsmann unter dem Victorinus Episcopus den Victorinus Afer verstehen, und bestätigt demnach die Richtigkeit unserer Behauptung. Und so hat ihn auch schon der Scholiast zu jener Stelle verstanden, wenn er sagt: „Opuscula duo adversus Manichaeos et Marcionistas, quae hic recensentur, videntur esse Victorini Afri Rhetoris."

Wie wir gesehen haben, ist der Dichter ein Anhänger des nicänischen Bekenntnisses, mithin Gegner des Arianismus, also auch von dieser Seite wäre kein Hinderniß, ihn mit dem Vict. Afer zu identificiren, denn auch dieser war ein Gegner des Arianismus und vertheidigte in mehreren Schriften das Bekenntniß der Homousie gegen denselben.[1] Unterstützt wird unsere Behauptung durch die Vergleichung von II, 186—188 und den Worten des August Conf. VIII, 5: Posteaquam vero et illud addidit, quod imperatoris Juliani temporibus lege data prohibiti sunt Christiani docere literaturam et oratoriam, quam legem ille amplexus loquacem scholam deserere maluit quam verbum tuum, quo linguas infantium facis disertas: non mihi fortior quam felicior visus est, quia invenit occasionem vacandi tibi, nach welcher beide, der Verfasser und Victorinus Afer eine gleiche Stellung zu dem julianischen Verbot einnahmen.

Vergegenwärtigen wir uns nun, daß jener Victorinus zur Zeit unseres Gedichtes in Rom lebte,[2] daß er gleich unserm Verfasser treu zum Nicänum hielt, sich wie dieser zum Edict Julians stellte; daß unser Carmen den Eindruck macht, von einem rhetorisch gebildeten Manne verfaßt zu sein, der Rhetor Victorinus auch episcopus genannt und als Verfasser eines Gedichtes gegen die Marcioniten gerühmt wird, so dürfte es sehr wahrscheinlich sein, daß der Verfasser der quinque carmina adv. Marcionitas und jener vielseitig gebildete Rhetor C. Marius Victorinus Afer ein und dieselbe Persönlichkeit sind, daß der Verfasser der Mann ist, welcher nach

---

1) De trinitate contra Arium libri IV; De ὁμοουσίῳ recipiendo cf. Hieronym. Catalg. Cl. Teuffel, Römische Literaturgesch. III. Aufl. S. 958, 7.

2) Hieronym. Catalg. Cl.: Victorinus natione Afer Romae sub Constantio principe rhetoricam docuit. Hier. Praef. comm. in ep. ad Gal.: non quia ignorem C. M. Victorinum, qui Romae me puero rhetoricam docuit. Chron. ad a. 2370 = 354 n. Chr.

den Berichten der Kirchenväter durch Wort und Schrift zu Rom Rhetorik und Grammatik lehrte, sich eines großen Ansehens, vieler Liebe und Achtung erfreute, in seinem Alter aber zum Christenthum übertrat und nun, besonders aber nach dem julianischen Verbot, sein Leben und sein Wissen dem Dienste der christlichen Kirche widmete.[1]

1) Vgl. Hieron. Chron. ad ann. 2370=253 n. Chr.: Victorinus rhetor et Donatus grammaticus, praeceptor meus, Romae insignes habentur, ex quibus Victorinus etiam statuam in foro Traiani meruit. Cassiod. De iust. divin.: Victorinus ex rhetore episcopus. Hieron. De illust. vir. CI: et in extrema senectute Christi se tradens fidei. August. conf. VIII, 2: legisse me quosdam libros Platonicorum, quos Victorinus quondam rhetor urbis Romae, quem Christianum defunctum esse audieram, in Latinam linguam transtulisset .... ille doctissimus senex statuam Romano in foro meruerat et acceperat, usque ad illam aetatem venerator idolorum .... ubi autem imbutus instructionum sacramentis, non multo post etiam nomen dedit, ut per baptismum regeneraretur mirante Roma, gaudente ecclesia. Vgl. W. S. Teuffel, Gesch. der römischen Literatur. Leipzig. III. 1875. S. 955f. § 408. — Es würde jetzt noch erübrigen, die Identität unsers Verfassers und des Victorinus aus den auf uns gekommenen Schriften des letzteren nachzuweisen; da aber die sicher von ihm verfaßten Werke sowohl der äußeren Form als dem Inhalte nach unserm Gedichte ganz heterogen sind, für das Gedicht aber „Do fratribus septem Macchabaeis" zwar nach unserer Meinung nicht mit Recht, da die Darstellungsweise und der Ausdruck deutliche Anklänge an unser Carmen zeigen, seine Autorschaft bezweifelt ist (vgl. Ebert, Christ.=lat. Literat. S. 118, Note 5), diese also erst bewiesen werden müßte, wozu hier nicht der Ort ist: so würde diese Untersuchung erst nach weitschichtigen Vergleichungen zu Resultaten führen, und wir meinen daher derselben uns jetzt entschlagen zu dürfen; sind aber der Ansicht, daß sie keine unfruchtbare sein wird, und hoffen später Rechenschaft über sie ablegen zu können. — Mit der Ansicht Oehler's in Betreff des Verfassers sind auch die von Garsias (vgl. den Scholiasten zu „Libellus incerti auctoris de XII scriptor. ecclesiast. cap. VII." p. 69: Garsias tamen Loaisa putat duo illa opuscula, quae hoc capite memorantur, esse attribuenda Victorino rhetori Massiliensi) und Bähr (vgl. dessen Gesch. der römischen Literatur IV. Bd. S. 22, der ganz von Oehler abhängig ist; (vgl. Ibidem S. 25, Note 8) zurückgewiesen. Daß nun unser Carmen, wie Bähr behauptet S. 22, „eine poetische Bearbeitung des ächten Tertullianischen Werkes" sei, braucht wohl nicht ausführlicher widerlegt zu werden, die Nichtigkeit dieser Behauptung erhellt schon aus einer nur flüchtigen Vergleichung beider Schriften. Vgl. Ebert a. a. O. S. 301, Note 1.

Vita.

Am 9. Dec. 1850 wurde ich Ernst Wilhelm Gustav Hückstädt, Sohn des Lehrers Carl Hückstädt zu Stralsund im Kreise Fransburg geboren. Nahezu eilfjährig wurde ich in die Septima des dortigen Gymnasiums aufgenommen, dem ich mit einer längeren Unterbrechung durch Theilnahme am Feldzuge gegen Frankreich bis zu meinem Abgange zur Universität Erlangen, Michaelis 1872, angehörte. Nach zwei Semestern wandte ich mich von dort nach Halle und wiederum nach einem Jahre vertauschte ich diese Hochschule mit der Leipzigs. In Erlangen wurde ich in das theologische Studium eingeführt und mit Begeisterung für dasselbe erfüllt von den Professoren: Ebrard, Plitt, v. Hofmann, Thomasius, Frank, welche mich besonders durch ihre Vorlesungen über chr. Apologetik, Kirchengeschichte, bl. Geschichte des neuen Testaments, bl. Hermeneutik zum Danke verpflichtet haben. Außerdem hörte ich daselbst die Professoren: Ehlers, Schmidt, Müller, Rosenhauer; in Halle besuchte ich die Vorlesungen der Professoren Müller, Tholuck, Beyschlag, Jacobi, Riehm, Schlottmann, Erdmann Kaehler und Brieger, in Leipzig nahm ich Theil an den Collegien und Seminarien der Professoren und Docenten Schürer, Baur, Harnack, Hofmann, Luthardt, Lechler, Kahnis, Strümpell und Hermann. Die Fähigkeit selbständig zu arbeiten habe ich mir unter der Leitung dieser meiner verehrten Lehrer erworben und dafür meine ich denselben dankbarer sein zu müssen als für die mitgetheilten Kenntnisse. Einen ganz besonderen Dank schulde ich dem Herrn Dr. Harnack für seine stete Bereitwilligkeit mit Rath und That meine Studien zu unterstützen und für die nachhaltigen Anregungen, welche er mir durch seine Vorlesungen und in seiner kirchenhistorischen Gesellschaft gegeben, wie er mich denn auch auf das Thema vorliegender Schrift aufmerksam gemacht hat.